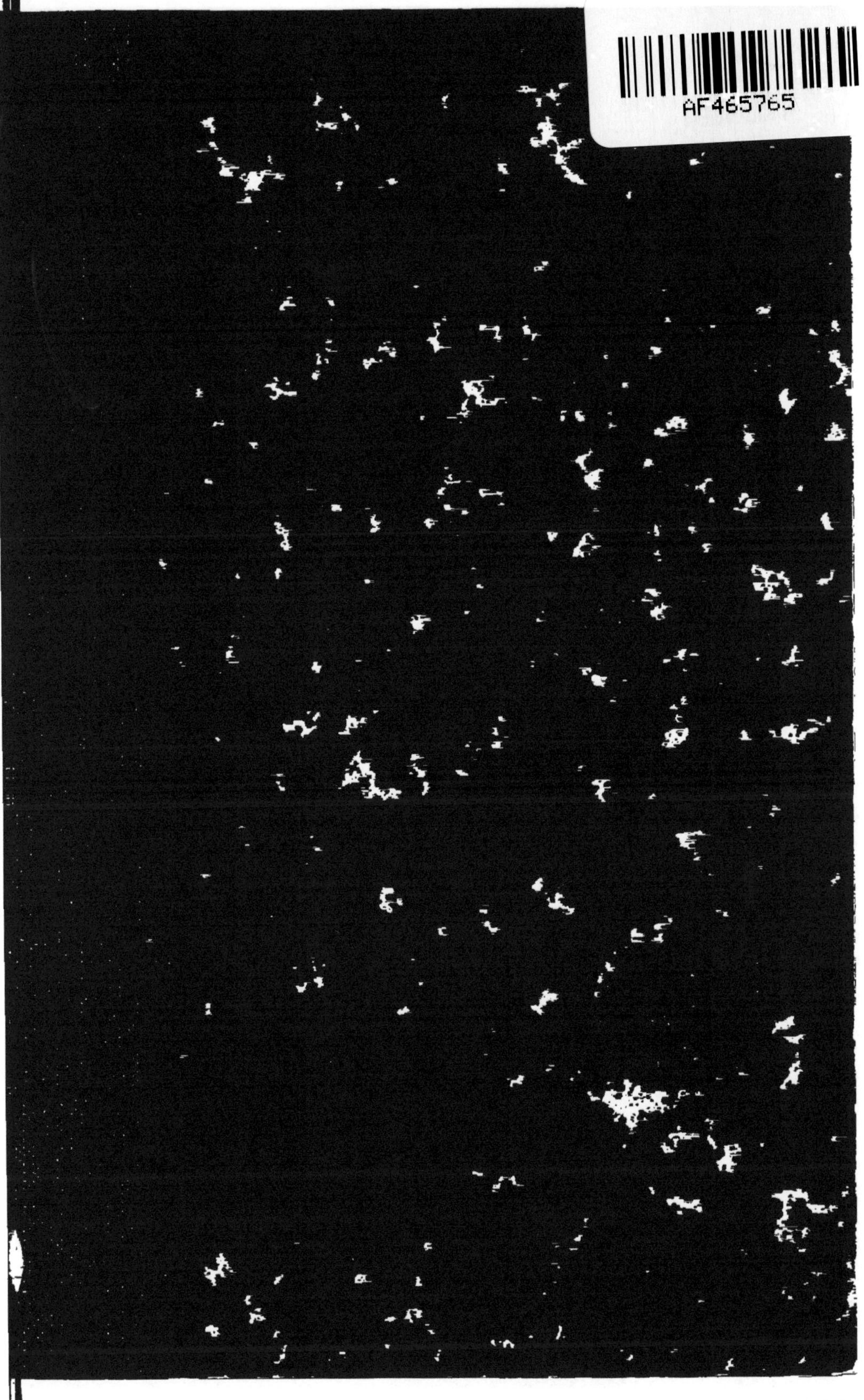

LES

DEUX MORALES

EN MATIÈRE DOGMATIQUE.

CINQUIÈME ÉDITION.

ORLÉANS.

IMPRIMERIE & LITHOGRAPHIE E. CHENU, RUE CROIX-DE-BOIS, 21.

1870.

LES

DEUX MORALES

EN MATIÈRE DOGMATIQUE.

> « Si je connaissais une fontaine qui
> « fût empoisonnée, je me croirais
> « obligé d'avertir tout le monde de ne
> « point y aller puiser de l'eau. »
>
> (PASCAL.)

On ne saurait puiser la morale qui règle la conduite à des sources trop pures ; l'estime publique, la paix intérieure en dépendent.

Il est des sources qui appellent la confiance ; l'enseigne est quelquefois trompeuse ; une foi aveugle dans la parole des docteurs de la loi peut entraîner dans des erreurs déplorables.

Bien des fois déjà, des hommes non suspects d'hostilité, ont signalé des doctrines étranges qu'on voulait présenter comme étant celles de l'Évangile. (Voir notamment les v, vi, vii et viii *Provinciales.*) Ces hérésies morales ont été définitivement condamnées, dit-on ; il n'en serait plus question aujourd'hui.

La réforme n'est pas faite. Les congrégations qui dirigent l'enseignement de la Théologie morale ont conservé ces errements véreux ; des errements qui ne peuvent s'accorder ni avec la droiture, ni avec l'honnêteté. Un fait tout récent va le prouver.

Il est donc opportun de répéter aux casuistes, après Pascal : il y une morale publique, n'y touchez pas !

Dans une société qui ne renferme que trop d'éléments de décomposition, qui est en proie à la fièvre des richesses, qui, dans son ardeur impatiente, voudrait les faire sortir tout-à-coup du néant ; gardez-vous de saper ce qui reste encore de principes de virilité, de principes sociaux.

En composant sur le vieil honneur, sur l'antique probité, vous trahissez votre devoir, vous prévariquez. En faisant une part à l'amour de l'argent, leur moderne et mortel ennemi, vous tentez une transaction impossible ; vous faites injure à la conscience publique ; vous supprimez le blâme attaché à l'action contraire à la justice ; vous donnez le spectacle de l'iniquité triomphante et acceptée. Il n'y a pas d'agent de corruption plus puissant sur l'âme humaine que ce spectacle-là ; l'homme n'a pas besoin de beaucoup d'exemples de ce genre pour incliner au culte du succès et perdre le respect de la justice, pierre angulaire de toute société.

La digue de l'honnêteté naturelle une fois rompue, la logique vous déborde en souveraine ; la société n'est plus qu'une mêlée de dupes et de trompeurs, où il n'y a d'autre vertu que l'habileté ; tout ce que vous condamnez en Italie, on peut le justifier par des conclusions rigoureusement déduites de vos prémisses : toute usurpation est légitimée par vos interprétations.

LE FAIT

ET SON CARACTÈRE.

Madame B. est morte laissant deux filles : Mme C. l'aînée, et Mme G. la cadette, qui n'avaient qu'une fille chacune, et qui étaient dans une situation où rien ne pouvait justifier un avantage en faveur de l'une au préjudice de l'autre. D'ailleurs, Mme B., en mariant sa fille aînée, s'était formellement interdit le pouvoir d'avantager ; sa renonciation est constatée par l'écrit suivant, adressé à l'aîné de ses gendres, M. C., alors éloigné de 120 lieues, et par conséquent délibéré hors de son influence.

« *Jamais ni moi ni mon mari ne donnerons une obole* « *de plus à l'une qu'à l'autre de nos filles* ; SUR L'HONNEUR « NOUS VOUS L'AVONS JURÉ, *et rien ne nous fera faire le* « *contraire. Jamais d'injustice*, JE VOUS LE JURE ENCORE. »

En violation de son serment, sans alléguer aucun motif et sans qu'on puisse en assigner un autre que le caprice, Mme B. a laissé un testament ainsi conçu : « je donne à « ma fille, Mme G., tout ce que la loi me permet de lui « donner. Je lui donne toutes mes dentelles, mes bijoux, « mes porcelaines, etc. Je prie Mr D. d'accepter.......... « Mmes M. et N. d'accepter.......... » A la fille aînée, pas un souvenir, pas un mot : la malédiction implicite.

Cette formule brutale et absolue : *Je donne à ma fille, Mme G., tout ce que la loi me permet de lui donner ; je lui donne tout ce à quoi j'attachais personnellement le plus de prix* ; cette formule odieusement exclusive est éloquente dans son laconisme. Elle signifie : Je ne vois, je ne connais, je n'aime que celle-ci ; l'autre m'est étrangère, antipathique ; je voudrais qu'elle ne fût pas. Je lui témoigne mon aversion de toutes les forces de mon âme en lui retirant tout ce que la loi me permet de lui ôter ; c'est la loi seule qui la fera mon héritière contre ma volonté, du moins ne conservera-t-elle rien de ce qui était à mon usage personnel. Je meurs en la repoussant.

C'est bien la main de Mme B. qui a écrit son testament ; mais cette main, desséchée par l'âge et par les maladies, n'est plus l'instrument d'une pensée maternelle. — Mme B. subissait-elle une inspiration étrangère, écrivait-elle sous la dictée de la partie intéressée ? On peut le croire en voyant l'âpreté de cette partie, l'ardeur aveugle avec laquelle elle a réclamé le bénéfice de cet acte d'iniquité, le peu de surprise qu'elle a témoigné à son exhibition, sa décision immédiate et évidemment arrêtée à l'avance. — L'état mental de Mme B. était-il sain ? On peut en douter à la vue de son œuvre monstrueuse ; on peut la croire troublée par une monomanie, en proie à une hallucination. En lisant sa disposition, de quelque source qu'elle émane, suggestion ou aberration, on est révolté ; on sent courir un frisson d'indignation ; on comprend qu'elle est dictée par l'esprit du mal. Tout y est mauvais, la forme autant que le fond ; on y cherche en vain un épanchement de tendresse, un mot d'affection, un élan de cœur, un éclair de devoir. C'est froidement qu'elle donne à sa fille cadette tout ce qu'elle peut lui donner ; et elle ne lui en demande pas de reconnaissance, car ce n'est pas pour elle que la donation est faite ; elle est faite uniquement contre sa sœur ; elle aurait pu être attribuée à une étrangère, si cette attribution lui avait présenté autant de chances de mortification pour la deshéritée. La pensée qui domine la testatrice, le but satanique qu'elle poursuit, c'est de spolier, de blesser, d'humilier sa fille aînée ; et, par une ironie suprême, d'en faire sa risée de l'autre côté de la tombe.

En poursuivant devant les tribunaux l'exécution de cette disposition haîneuse, Mme G. se met à l'unisson de sa mère, s'approprie sa pensée, se fait sa complice. Son acceptation veut dire : Moi seule je suis l'enfant du cœur ; à moi seule appartient tout l'héritage d'affection et devrait revenir tout le patrimoine. Des étrangers sont nommés dans le testament de ma mère, alors que le nom de ma sœur en est banni ; celle-ci n'est que la fille du hasard, la fille indigne ; elle est sans droit, elle n'obtiendra que ce que la force m'obligera de lui abandonner.

Mme G. s'est d'ailleurs fait ce raisonnement : la position de ma sœur n'a pas les avantages de la mienne ; ma fille est mariée, ma nièce ne l'est pas encore ; je ne risque qu'une chose à l'épreuve judiciaire, c'est de ne pas gagner. Ma sœur est tenue à d'autres ménagements ; son mari et elle réfléchiront sur le mauvais effet d'un procès en famille, sur les conséquences de ce scandale pour l'établissement de leur fille. Tout considéré, ils jugeront peut-être que son intérêt bien entendu leur commande un sacrifice d'argent ; qu'ils doivent se taire, dévorer leur affront en silence, feindre même de n'être pas blessés. S'ils n'adoptent pas cette résignation diplomatique, s'ils font un éclat imprudent, il arrivera que je serai déchirée dans les plaidoiries, sans toutefois qu'on puisse faire la preuve impossible de la captation ; le public me jettera le blâme, me taxera d'égoïsme, d'ingratitude, mais ce ne sera là qu'un nuage passager ; la satiété arrive vîte, dans l'intérêt qu'on porte aux autres, les protestations tomberont bientôt dans le vide, et le silence étendra son voile de plomb sur les consciences fatiguées. Le bruit une fois apaisé, je jouirai en paix de mon avantage pécuniaire.

Et puis, je ne serai pas seule pour faire tête à l'orage ; je me suis assurée des auxiliaires qui ont tout crédit dans la société, qui savent diriger et, au besoin, retourner l'opinion ; je me suis mise sous leur puissante égide, enrôlée dans leurs associations où la mutualité est fidèlement observée. Ces auxiliaires sont d'autant plus sûrs qu'ils sont intéressés à mon triomphe ; ma cause est si souvent la leur qu'ils se justifieront eux-mêmes en me défendant. Ils m'ont enseigné une maxime qui répond à tous les arguments, à toutes les objections qui s'élèvent en pareil cas : *la volonté des mourants est sacrée, on doit lui obéir sans la discuter.* Avec l'aide des bons Pères qui dispensent les brevets de vertu, ce sera bientôt mon beau-frère, mon beau-frère qui n'a pas les immunités du Pape, qui sera déclaré un pécheur obstiné pour avoir l'impertinence de protester jusqu'au bout contre une spoliation accomplie. Ce ne sera plus ma sœur, ce ne sera plus ma nièce qu'on plaindra ; tout l'intérêt se reportera de mon côté, sur la femme faible, sur la veuve isolée, sur la victime sans défense de récriminations antichrétiennes. C'est ainsi que les rôles se trouveront intervertis à mon honneur sans nuire à mon profit.

« Les préférences du père, » dit M. de Margerie, dans son livre sur *La Famille,* « sèment dans le cœur des enfants une ivraie qu'on ne peut plus en arracher. » Le père se rend déjà bien coupable quand il fait arbitrairement à l'un d'eux un avantage déterminé, du moins impose-t-il de lui-même une limite à sa prédilection ; mais quand il lui attribue toute la quotité disponible, quand il manifeste qu'il voudrait faire pour lui davantage encore, il s'abandonne complétement à sa passion, et montre clairement que ses autres enfants ne sont rien pour lui. Méconnus par le père, méconnus par le préféré, les déshérités s'irritent à bon droit ; une scission profonde s'établit dans la famille ; il n'y a plus d'amitié ou seulement d'indifférence possible ; il ne reste de place que pour l'hostilité ou pour le mépris. Et l'Évangile a dit : « Toute maison

« divisée contre elle-même tombera en ruine. » *(Saint Luc, chap. II.)*

Le testament de Mme B. est entaché de *prétérition;* il garde sur la fille aînée ce silence absolu que d'Aguesseau nomme un *oubli criminel;* que nos lois anciennes qualifiaient d'insensibilité furieuse; testament qu'elles annulaient comme fait *ab irato*.

« Tout ce qui vient d'une source aussi corrompue que « la haîne et la colère est infecté dans son origine, dit « d'Aguesseau, aussi l'animosité d'un père contre un « seul de ses héritiers suffit pour anéantir toute sa dis- « position. Un testateur ne saurait avoir une trop grande « liberté d'esprit lorsqu'il veut dicter à sa famille une loi « qui puisse entretenir la paix, l'union et la concorde « entre ses descendants. Les passions intérieures ne sont « pas moins capables d'obscurcir les lumières de l'esprit « et d'ôter cette liberté parfaite que les artifices exté- « rieurs. La haîne et la colère du testateur sont un « ennemi plus à craindre qu'une séduction et une im- « pression étrangère. Un testament n'est pas fait *ex* « *officio pietatis* lorsque le père laisse à regret à des « enfants ce qu'il voudrait que la loi lui permît de leur « ôter. Serait-il nécessaire d'alléguer d'autre preuve de « ce sentiment contraire à la nature que ce silence cri- « minel, sans raison, sans prétexte ? Silence inexcusable « que la seule passion ou la seule faiblesse de l'esprit a « pu inspirer. Un fils innocent totalement oublié ! Est-ce « là la justice d'un père et d'un père mourant ? »

Cette proscription odieuse inspire une répugnance si vraie qu'elle est universelle. La loi anglaise ne connaît pas de réserve successorale, elle permet au père d'exhéréder complétement ses enfants, mais elle ne tolère pas qu'il les bannisse de son esprit. Tous les enfants doivent être rappelés dans le testament qui les dépouille. Chacun doit y recevoir un legs, si minime qu'il soit ; un seul enfant omis et toute la disposition est frappée de nullité par l'oubli criminel du père.

Lors de la discussion de notre Code, Bigot de Préameneu déclarait que le testament *ab irato* restait toujours frappé de nullité, et Merlin confirme cette disposition. Depuis lors la jurisprudence s'est modifiée : le vice de la colère, caractérisé par le silence exclusif du père, a cessé d'être pris en considération par les tribunaux. Nos anciennes coutumes de France les plus autorisées portaient plus loin encore la défiance de la faiblesse paternelle : elles proclamaient, comme le remarque M. Demolombe, l'incompatibilité des qualités d'héritier et de légataire, voulant avant tout conserver l'union dans la famille.

La loi ecclésiastique ne paraît pas avoir jamais connu les délicatesses de notre ancien droit civil ; elle ne s'est jamais montrée bien soucieuse de maintenir l'union fraternelle ; mais ce que nous lui imputons ici, ce n'est pas l'autorité brutale qu'elle confère au chef de la famille, le peu de cas qu'elle fait du droit naturel d'hérédité, sa complaisance pour les faiblesses du père ; c'est la contradiction où elle se met avec elle-même touchant la portée du *serment ;* c'est sur ce dernier point d'obligation stricte, de justice absolue, que portent nos observations.

L'écriture de la promesse de Mme B. est reconnue ; sa date est rendue certaine par les timbres de la poste : la pièce est paraphée par l'avoué de Mme G. ; l'engagement de la mère est corroboré par une longue et expressive correspondance. Quelle est la valeur de son obligation ?

Mais, avant d'entrer dans cet examen, il convient d'écarter une objection tirée d'un incident particulier à l'espèce.

LA TRANSACTION.

I.

A entendre Mme G., les griefs de M. C. ne seraient plus aujourd'hui que de l'histoire ancienne ; ce qu'il allègue, des récriminations rétrospectives et sans valeur, et même des imputations abusives. M. C. a transigé avec elle, donc il a tout accepté, tout ratifié. Il devrait se montrer reconnaissant des miettes qu'elle a bénévolement laissé tomber de sa table : elle veut bien se contenter de son silence.

Cette prétention outrecuidante est insoutenable ; elle ne résiste pas à l'examen des faits et des circonstances ; elle repose sur une confusion inadmissible.

La transaction, dit encore Mme G. , n'est pas un contrat ordinaire ; l'usage l'a revêtue d'un caractère spécial ; elle entraîne avec elle l'idée d'oubli, d'apaisement définitif. Transiger, c'est serrer la main sans arrière-pensée. Cette interprétation large et élevée est consacrée dans l'intérêt même de la société. La société ne peut souffrir qu'un débat s'éternise ; elle a besoin de repos ; approfondir un litige n'est pas l'affaire du commun des hommes ; ce qu'il faut au public, c'est l'observation des bienséances, le décorum.

Dans cette argumentation insidieuse, il n'y a de spécieux que l'objectif, l'intérêt de la société. Reste à savoir si cet intérêt serait, en effet, mieux servi par le lâche abandon d'un droit qu'il ne l'est par son affirmation virilement maintenue. Chez un sujet gâté, on se borne à pallier le mal ; tandis qu'on l'extirpe avec résolution quand le tempérament est sain et robuste.

Quant au motif intrinsèque, le caractère particulier de la transaction, il faudrait s'expliquer clairement ; dire si l'on entend que ce caractère soit une vertu effective ou bien un simple prestige superficiel. La vertu effective équivaudrait à un effet sacramentel : en voulant que la transaction régénère ce qu'elle touche à la manière du baptême, on sort de l'ordre naturel et la prétention n'est pas sérieuse. Si le caractère qu'on attribue à la transaction n'est qu'une fiction dépourvue de réalité, si la prétention se borne à obtenir un crépi extérieur, à blanchir un sépulcre, ce qu'on demande n'est qu'une ombre sans valeur.

En avançant que tout arrangement fait à l'occasion d'un litige implique la solution définitive du fond du débat ; qu'on ne doit pas remonter au-delà d'une transaction et rechercher par quels moyens, à quelle occasion et dans quelles limites elle a été obtenue, Mme G. soutient une thèse irrationnelle.

II.

Par un pacte fait avec l'aîné de ses gendres, M. C., à l'occasion de son mariage, pacte dont l'existence est reconnue et dont le lien a été renouvelé sous la garantie d'un serment écrit, Mme B. avait pris l'engagement de n'avantager ni l'une ni l'autre de ses deux filles.

Il y avait là une convention privée, juste, licite et conforme au droit naturel ; elle était, par conséquent, obligatoire par le seul fait du consentement synallagmatique des parties ; mais cette convention, en harmonie avec le vœu de la loi, n'avait pas été accompagné des solennités prescrites par elle pour en faire un contrat civil, en sorte qu'elle ne donnait pas ouverture à une action devant les tribunaux.

Un galant homme croit naturellement à la loyauté chez les autres ; quand il s'allie à une famille, il compte sur l'honorabilité de tous ceux qui vont lui appartenir ; il craindrait de les blesser en demandant des sûretés exceptionnelles, en prenant des précautions comme il le ferait en entrant dans la forêt de Bondy.

Cependant, Mme B. a violé le pacte domestique en léguant toute la quotité disponible à sa fille cadette, Mme G. Cette disposition, contraire à l'engagement juré sur l'honneur, était frappée de nullité par la loi morale seulement. M. C. n'avait, en vertu de la promesse de sa belle-mère, d'autre recours qu'un appel à la probité de la fille perfidement avantagée. Cette corde, il l'a trouvée muette ; il a constaté chez elle la carence de moralité.

Mais ce testament, que répudiaient l'honneur et la conscience, se trouvait être, par ailleurs, entaché d'un vice légal. Daté du 26 mai 1861, il était écrit sur une ancienne feuille de trente-cinq centimes, qui portait en tête le timbre supplémentaire de quinze centimes créé par un décret du 3 juillet 1862. La présence de ce timbre était une preuve manifeste d'anti-date et, par conséquent, une cause de nullité juridique.

Un procès s'engage sur le fait matériel de l'anti-date.

Mme G. disait : il n'est pas impossible que le testament de ma mère ait été frappé du timbre supplémentaire après sa confection, donc il n'est pas nécessairement anti-daté. Si la contradiction qui existe entre le timbre et la date peut s'expliquer autrement que par un faux, le testament est légalement valide, et j'en réclame l'exécution aux tribunaux.

M. C. répondait : toutes les vraisemblances morales et légales s'opposent au timbrage d'un testament olographe après sa confection ; cette formalité eût été sans objet ; elle aurait même été absurde. D'ailleurs, le droit naturel de votre sœur à la moitié de la succession maternelle repose sur un titre certain, sur un acte de naissance qui n'est pas contesté ; vous ne pouvez infirmer ce titre que par un autre titre qui soit également incontestable. L'état matériel de votre testament le fait repousser à première vue : la sincérité de la date est démentie par la présence d'un timbre postérieur : le faux existe jusqu'à preuve contraire. Il y a tout au moins doute légitime sur une formalité substantielle. Il ne suffit pas d'alléguer que votre titre pourrait être bon, malgré son apparence mauvaise, il faut prouver qu'il est bon en effet. On ne peut sacrifier le titre irréprochable de l'héritière au titre plus que suspect de la légataire.

Sur ce litige, intervint un jugement interlocutoire qui admettait Mme G. à prouver, par une enquête, qu'il n'était pas impossible que le testament de sa mère eût reçu le timbre supplémentaire après sa confection.

M. C. ne trouvait pas que la simple *possibilité* fut pertinente dans la cause ; il estimait que c'était le *fait même* du timbrage postérieur à la date de l'acte qui devait être prouvé pour le valider. Il se disposait à appeler du jugement préparatoire, lorsqu'un ami commun s'entremit et amena les parties à transiger.

La transaction qui fut arrêtée a porté uniquement sur le procès engagé, c'est-à-dire sur le fait de l'anti-date du testament. Moyennant une remise dont le chiffre a été débattu, M. C. a renoncé à se prévaloir de cette cause légale de nullité ; voilà toute la transaction.

Mme G. avait assigné sa sœur devant le tribunal pour y voir ordonner la délivrance de *toute la quotité disponible* ; elle méconnaissait absolument, dès le début, l'obligation morale résultant de la promesse de sa mère. Cette promesse, sans action sur son cœur comme sur sa conscience, et d'ailleurs dénuée d'efficacité juridique, était étrangère au procès et n'avait rien à voir dans la transaction dont l'unique objet était de mettre fin au débat judiciaire.

Sur le terrain juridique, où Mme G. s'était cantonnée, la solution finale était incertaine. « On ne peut prévoir la chance et la fortune des procès, » dit M. Troplong, premier président de la Cour suprême. *Alea judiciorum*, s'écrie Toullier. Si les oracles de la jurisprudence n'osent rien affirmer, à cause de la complication des principes du droit civil qui souvent se contrarient, quelle peut être la confiance d'un plaideur ?

Un vieil adage lui crie : *Un mauvais arrangement vaut mieux qu'un bon procès ;* tel est le motif qui a déterminé M. C. à transiger.

Si le testament avait été régulièrement daté, il aurait fallu le subir dans toute sa rigueur. Ce n'est pas la volonté de tout ravir à sa sœur qui a recule chez Mme G. ;

c'est sa confiance dans l'instrument de spoliation qui a chancelé. Exposée à perdre tout l'avantage, elle s'est résignée à en abandonner une partie pour s'assurer le reste ; elle s'est dit avec Lafontaine :

Un bon tiens vaut mieux que deux tu l'auras.

C'est grâce à une circonstance toute matérielle, à une marque providentielle qui trahissait la fraude que M. C. a pu sauver une épave du naufrage.

La part faite au timbre révélateur par un calcul de prudence intéressée ; l'achat du silence du timbre compromettant, n'a pas justifié l'origine déloyale de l'avantage retenu, n'a pas déchargé Mme G. du devoir de conscience qui lui défendait de rien retenir de ce qui était la propriété de sa sœur; du devoir filial qui lui ordonnait de couvrir l'honneur de sa mère, de cacher qu'elle avait menti ; qu'elle avait tendu un piége à M. C., qu'elle l'avait trompé. Cette somme, échappée à sa convoitise, a été le coût de la perpétration du crime, et non pas le prix de son absolution.

Si, au lieu de s'être terminé par une transaction, le différend juridique sur la sincérité de la date avait été tranché par un arrêt, nul n'oserait prétendre que cet arrêt aurait réglé autre chose que ce point de fait. On ne peut pas en faire dire davantage à une transaction qui s'est renfermée dans la question légale.

La loi elle-même a déterminé l'efficacité des transactions : « elles ont, entre les parties, *l'autorité* de la chose « jugée en dernier ressort. » (Code civil, art. 2052.) ; « or, l'autorité de la chose jugée n'a lieu qu'à l'égard « de ce qui fait l'objet du jugement. Il faut que la chose

« demandée soit la même : *que la demande soit fondée « sur la même cause.* » (Art. 1351).

En justice, la demande du partage égal était fondée sur l'infidélité de la date du testament, seule cause de nullité qui fût de la compétence des tribunaux.

En conscience, cette même demande était fondée sur l'infidélité à l'honneur, sur la nullité d'une disposition souillée de parjure ; cette seconde cause ne ressortissait que de la morale.

Non-seulement les deux causes de demande étaient différentes, mais elles relevaient de juridictions essentiellement distinctes. Ce qu'un arrêt aurait pu faire, ce que la transaction assimilée à l'arrêt a fait, est resté sans influence sur la juridiction supérieure de la conscience. Une décision juridique ne pouvait pas plus qu'une convention privée laver la tache du parjure, justifier la trahison ; il est au-dessus de la puissance humaine de changer la nature des choses, de faire que ce qui est mal soit bien. En présence de la promesse de Mme B., un abandon volontaire de M. C. n'aurait pu être qu'une *donation ;* or, M. C. ne croit pas plus avoir fait un cadeau à Mme G, que celle-ci ne croit avoir été gratifiée par lui ; la transaction n'a donc été qu'un contrat rigoureux, un règlement forcé par les circonstances.

En repoussant le devoir moral, la légataire a recueilli le profit de cette répudiation déshonnête ; en touchant l'argent, elle a accepté la flétrissure attachée à l'acte de son choix : les deux termes sont rivés l'un à l'autre.

III.

« La transaction, dit M. Troplong, sur l'art. 2044, est « un contrat synallagmatique par lequel le consente- « ment des parties termine moyennant quelque chose « que l'on promet, que l'on donne ou que l'on retient, « *une affaire douteuse ou un procès incertain*. On ne « transige que sur les affaires douteuses. Si le droit est « certain et qu'on en fasse le sacrifice, le contrat est une « donation. Dans une transaction, les parties n'agissent « pas dans un esprit de libéralité ; elles pourvoient à « leur intérêt propre. »

Sur le terrain de la droiture, aux yeux de l'honneur et de la conscience, il n'y avait pas de contestation possible ; Mme B. s'était liée par un serment, sa disposition était radicalement nulle. Transiger sur le fond de cette disposition, la reconnaître licite pour une moitié, pour un quart, eût été admettre qu'elle pouvait se parjurer dans cette proportion ; c'était une absurdité.

M. C. n'avait aucun motif moral pour consentir un abandon partiel de son droit naturel corroboré par une promesse jurée, d'un droit parfait suivant la loi de l'honnêteté. Donc la transaction a été faite en dehors de cette loi et déterminée uniquement par l'incertitude existant sur l'issue du procès.

En droit juridique, tout est fini par la transaction ; on ne plaidera plus sur la fausseté de la date du testament, mais rien n'est fait quant à la moralité de l'acte en lui-même. Aujourd'hui Mme G. peut dire que le timbre supplémentaire a été apposé après la confection de l'acte, on ne le lui contestera plus : c'est là le droit qu'elle a acquis par la transaction ; mais on ne lui a pas concédé que ce testament, devenu régulier devant la loi civile, soit aussi devenu régulier devant la loi morale. L'acte en bonne forme n'en conserve pas moins le fond mauvais.

Que demande en définitive Mme G, ; qu'il lui soit fait application de la maxime célèbre de Royer-Collard : « La vie privée doit être murée ; » c'est-à-dire, ici, que le détournement commis en famille n'ait pas de retentissement en dehors de la famille. Mme G. n'est pas recevable dans cette prétention d'assoupissement à son profit ; elle l'est d'autant moins que c'est elle-même qui a rompu la clôture domestique dans son intérêt.

Nanti d'une obligation privée naturelle, qui est une obligation parfaite dans le for de la conscience, M. C. a toujours eu le droit d'en exiger l'accomplissement, de sommer directement Mme G. de remplir l'obligation de sa mère. Cette sommation, qu'il avait le droit de lui faire dans le cercle des proches et des connaissances, elle l'a autorisé à la produire en dehors du huis-clos domestique, le jour où, prenant l'initiative d'une publicité illimitée, elle citait sa sœur à la barre d'un tribunal pour y voir ordonner l'exécution du testament qui brisait le lien d'honneur. C'est elle qui a obligé M. C. à verser au procès, comme pièce de renseignement extra-juridique, la promesse de sa mère ; c'est par sa volonté que le titre privé est tombé dans le domaine public.

Ce n'est pas M. C. qui a divulgué volontairement le fait que Mme G. voudrait aujourd'hui faire rentrer dans l'oubli. Ce n'est pas lui qui impute méchamment à

Mme G. de méconnaître une obligation d'honneur dans le but de la diffamer ; c'est Mme G. elle-même qui a affiché avec éclat devant tout un auditoire son mépris pour une obligation de cette nature, qui a déclaré ne reconnaître d'autres obligations que celles qui sont en la forme légale. M. C. n'ébruite point un fait caché, il combat une doctrine que Mme G. a professée et adoptée au grand jour ; doctrine suivant laquelle le Code serait l'exacte mesure de l'honnêteté, où tout le devoir se réduirait à marcher droit entre deux gendarmes.

Mme G. déclarait à l'origine que l'obligation de sa mère était vaine ; elle la trouve frivole encore aujourd'hui, puisqu'elle ne restitue pas. M. C. estime toujours que cette obligation est sérieuse ; qu'elle lie en conscience : le débat reste ouvert sur une question de principe. La libre discussion des principes et des opinions est de droit commun ; M. C., en exposant ses arguments, use d'une faculté qu'il ne s'est point interdite par la transaction ; en insistant, en serrant la démonstration, il espère que la lumière se fera un jour dans la conscience oblitérée de Mme G., et il doit croire que ce jour là l'obligation de sa mère sera remplie, que l'honneur sera satisfait devant ce public qu'elle a convié au débat, que la saine morale triomphera à l'avantage de la société.

« La transaction est, dit M. Troplong, quant à l'inter-
« prétation dont elle est susceptible, *strictissimi juris*.
« Elle ne s'étend pas à d'autres choses, *à d'autres cas*,
« que les choses et *les cas* qui y figurent. Il faut voir
« *la cause* de la transaction, et, cette cause trouvée,
« il faut s'y arrêter sans essayer de la franchir. La tran-
« saction s'interprète *quantùm verba sonant*. Quand

« elle a un but spécial bien défini, on ne doit pas l'é-
« tendre au-delà. »

La transaction avait pour objet de prévenir l'appel du jugement préparatoire, de mettre fin à un procès qui allait prendre de grandes proportions, de régler le litige concernant l'incertitude de la date du testament. Le but est clairement énoncé et bien circonscrit ; aucune clause ne fait allusion à la moralité de l'acte, donc cette question est demeurée réservée.

Entre le tribunal et Mme G. se dressait tout d'abord une barrière qu'on devait croire infranchissable ; une obligation d'honneur. Il a fallu, avant d'invoquer le titre légal, que Mme G. se soit déclarée en faillite sur le titre d'honneur. Dans cette situation, la transaction revêt le caractère d'un *concordat*, et d'un concordat de la pire espèce ; le caractère de l'arrangement fait avec un débiteur qui s'est affranchi de la loi du devoir, et duquel on tire ce qu'on en peut tirer : suivons le parallèle.

Le concordat du commerce est déterminé par la détresse financière du failli devenu hors d'état de remplir ses obligations.

La transaction a eu pour cause l'insuffisance de la probité de la légataire ; elle laisse l'obligation de sa mère en souffrance, parce qu'elle ne veut pas la remplir et que l'héritier n'a pas d'action légale pour l'y contraindre.

S'il y avait plus d'actif dans le bilan du failli et plus d'honnêteté dans le cœur de la fille avantagée, il n'y aurait pas lieu d'en venir à un arrangement, de composer sur le montant de la dette.

Le sacrifice consenti est bien, dans un cas comme dans l'autre, le fruit de la volonté du créancier, mais d'une volonté qui est dominée par une nécessité impérieuse ; ici le vide dans la caisse du commerçant ; là, l'absence de droiture chez la légataire.

Dans le cas le plus favorable, celui du commerce, le concordat n'a pas d'autre effet que de délivrer le failli de la poursuite légale de ses créanciers ; ce qu'ils lui abandonnent en droit juridique, n'en reste pas moins pour le failli dégradé *une dette d'honneur et de conscience ;* témoin l'obligation où il reste de payer intégralement ses dettes en capital, intérêts et frais, s'il veut obtenir sa réhabilitation.

La transaction de la légataire, obtenue dans une situation qui ne comporte pas d'excuse, qu'on assimilerait plus justement à la banqueroute qu'à la faillite, ne peut pas avoir un effet plus favorable que le concordat du commerçant.

Mme G. a payé par la transaction un dividende de 30 p. 0/0 ; c'est ainsi qu'elle se trouve à l'abri de la poursuite légale ; mais 70 p. 0/0 restent encore dus en conscience ; elle n'est donc pas réhabilitée.

Il suffit d'avoir exposé la situation dans ses détails pour rendre la conclusion irrésistible, et pour faire évanouir tous les subterfuges au moyen desquels Mme G. tentait de l'éluder. L'incident ainsi vidé, nous revenons à l'étude morale qui fait l'objet de cet opuscule.

LA GRANDE MORALE.

Potius mori quam fœdari.

I.

Entre gens d'honneur, un serment est tout ; on ne connaît pas d'engagement plus sacré, et il ne se prescrit jamais.

« Il n'y pas, parmi les hommes, de lien plus fort que « le serment pour les empêcher de manquer à la foi ou à « la parole donnée. » (Cicéron, *de officiis, lib.* III, 31).

Mort, le brave dormait dans sa tombe humble et pure,
Couché dans son serment comme dans son armure,
Et le temps qui des morts ronge le vêtement,
Parfois brisait l'armure, et jamais le serment.

(*Les Burgraves.*)

Le marquis d'Argens décrit ainsi l'éducation qu'on donnait à la génération qui nous a précédés.

« On inspire à tous les Français les mêmes sentiments. « Les parents, les précepteurs leur répètent sans cesse « que *l'honneur* est le premier de tous les biens ; que les « richesses n'en peuvent tenir lieu, ni remplacer la perte « de la réputation ; qu'il vaut mieux mourir que de vivre « déshonoré. Un gentilhomme de la campagne n'explique « pas ces maximes à son fils aussi poliment et en aussi « bons termes qu'un gouverneur les débite à un jeune « Duc et Pair ; mais il les lui répète plus souvent et « prend peut-être plus de soin de les lui faire pratiquer.

« Ces instructions salutaires sont également goûtées par « le Duc, qui doit hériter de deux cent mille livres de « rente, et par le noble qui n'a que le nécessaire ; tous « les deux regardent *l'honneur* comme la partie princi- « pale de leur apanage. »

Improbitas illo fuit admirabilis ævo.

Les maximes du siècle passé n'auraient-elles plus de cours aujourd'hui ? On prétend qu'il n'existe que deux classes dans la société moderne : celle des gens honnêtes et celle des gens qui ne le sont pas, et on s'accorde encore à regarder la fidélité à la foi jurée comme le criterium de l'honnêteté. Cette division est celle de l'Écriture elle-même, quand elle classe les hommes en deux espèces : *Viri veraces et viri mendaces.*

« L'homme capable, dit le prince Albert de Broglie, « est lié pour un avenir indéfini par ses engagements. « Ses paroles valent et tiennent sans que le temps ni les « événements les effacent. Vieillard, il portera jusqu'au « tombeau les suites de la foi engagée. Vainement allé- « guerait-il, pour s'y soustraire, l'altération de l'humeur « produite par les glaces de l'âge ou les vicissitudes de « la destinée. L'homme ne peut s'attribuer des droits « sans s'imposer des devoirs corrélatifs ; il n'existe point « de liberté sans la responsabilité, son inséparable com- « pagne. Il est libre ! c'est justement la raison pour être « loyal et chatouilleux sur la parole donnée. Ainsi l'ont « pensé même les siècles les plus grossiers. Toujours « le devoir de l'honneur s'est accru en raison de l'élé- « vation du rang ; c'est ainsi qu'on disait : *foi de gentil- « homme*, parce que la qualité de gentilhomme dispen- « sait du serment. »

« Si un homme s'est lié par un serment, il ne rendra « pas sa parole vaine, mais il accomplira tout ce qu'il a « promis. » (*Nombres,* XXX, 3).

« Vous serez exempt de péché si vous ne voulez faire « aucune promesse ; mais lorsqu'une parole sera sortie « de votre bouche, vous l'observerez et vous ferez selon « ce que vous avez promis, l'ayant fait par votre propre « volonté, et l'ayant prononcé par votre bouche. » (*Deuteronóme*, XXIII, 22, 23).

« Il a été dit aux anciens : tu ne te parjureras point, « mais tu t'acquitteras de ce que tu auras promis avec « serment, mais moi je vous dis : ne jurez point du tout, « mais que votre parole soit : oui, oui ; non, non : ce qu'on « ajoute de plus vient du diable. » (*Sermon sur la Montagne, Saint Mathieu,* V, 33, 34, 37).

C'est sur cette parole que se fondent les Quakers pour refuser tout serment, et que les tribunaux se contentent de leur simple affirmation ou négation.

Les livres des Brahmes de l'Inde portent cette sentence : « C'est la parole qui fixe toutes choses, c'est la « parole qui est la base de la société. »

Dans le rituel funéraire des Egyptiens, le mort se justifie au tribunal d'Osiris en disant : je n'ai pas trompé, je n'ai pas volé, je n'ai pas divisé les hommes par mes ruses.

« Le serment, dit l'oracle de Delphes, a un fils sans « nom, sans mains et sans pieds, qui d'un vol rapide « fond sur le parjure et ne le quitte plus qu'il ne l'ait « détruit, lui, sa maison et sa race entière. »

Si Mme B. n'avait pas été capable pour contracter un engagement, elle l'aurait été bien moins encore pour tester. La loi (art. 901) exige d'une manière spéciale et unique dans tout le code que le testateur soit sain d'esprit. La raison de cette exigence formelle a été donnée par d'Aguesseau. « Il est essentiel à la société des « hommes qu'il y ait des contrats ; il n'est pas nécessaire « qu'il y ait des testaments. Dans les contrats, la moindre « capacité suffit ; il faut bien d'autres lumières pour un « testament. Le contrat est toujours favorable, le tes- « tament est souvent odieux. Tout testateur commence « par se croire plus sage que la loi même. Il devrait « l'être en effet, puisqu'il a le droit de l'abroger. « Faut-il s'étonner après cela que les lois se soient con- « tentées d'une capacité médiocre pour les contrats, « tandis qu'elles en exigent une complète pour les tes- « taments. »

En effet, tester c'est changer un ordre d'hérédité sur lequel on était accoutumé à compter ; c'est troubler ce qui déjà était une possession morale.

« C'est dans le for de l'honneur et dans le for de la « conscience, dit Pothier *(Traité des Obligations)*, que « le serment par lequel quelqu'un s'est engagé à l'ac- « complissement de ce qu'il a promis, a de l'effet. Il a « cet effet de rendre plus étroite l'obligation et de rendre « plus coupable celui qui y contrevient : car celui qui « s'étant engagé par serment, manque volontairement à « son engagement, ajoute à l'infidélité qui résulte de « toute contravention volontaire à un engagement, le « crime de parjure. »

Le jurisconsulte Toullier tient le même langage.

« Celui qui promet avec réflexion, quoique sans vou- « loir conférer le droit juridique d'exiger l'accomplis-

« sement de sa promesse, parce qu'il veut qu'on s'en « repose sur sa parole, n'en doit pas moins être fidèle à « ses engagements. En frustrant sans raison l'espérance « qu'il avait donnée, il trompe la personne qui a compté « et dû compter sur sa parole, et si les lois n'arment pas « la justice contre lui, elles l'abandonnent au tribunal « sévère de l'opinion et le notent d'improbité par cette « sentence accablante : *grave est fidem fallere.* Il y a « donc réellement un *devoir* de sa part, mais comme « personne n'a le *droit* de le citer devant les tribunaux « pour lui demander compte de son manque de foi, « l'obligation demeure légalement imparfaite ; et ces « obligations légalement imparfaites ne sont pas du res- « sort de la jurisprudence, mais du ressort de la morale. « Toutefois, la loi elle-même déclare que tout ce qu'elle « permet n'est pas honnête : *non omne quod licet hones- « tum est.* »

La loi civile n'a point d'empire sur les consciences ; son unique objet est la paix publique, la paix extérieure ; elle ne prescrit pas la vertu. Le premier supérieur de l'homme est Dieu. C'est de Dieu que dérivent toutes les lois. Les lois civiles seules seraient insuffisantes pour régler la conduite de l'homme, si leur action n'était aidée, dirigée et suppléée par la loi divine. Avant la manifestation extérieure, il y a eu une délibération intérieure qui échappe au juge civil et qui a préparé l'acte coupable. Les législateurs n'ont jamais prétendu réprimer autre chose que les excès directement opposés à l'existence de la société. On peut être un insigne fripon sans être un repris de justice. Les marges du code sont larges.

« *Légalement* est un adverbe robuste, dit Balzac,

« ce qu'il supporte de turpitudes, de difformités morales « impunies est incommensurable et indescriptible. Il y a « une mesure de perversité légalement permise, et la « répression légale n'atteint que le trop plein qui excède « cette mesure. »

« Dans nos lois modernes, dit M. Serret, tout crime « innommé est un crime impuni. On n'argumente pas « par analogie en matière pénale ; pour qu'un fait soit « punissable, il faut qu'il rentre avec identité dans un « type de délit prévu et défini par un article de loi ; c'est « là un de nos principes fondamentaux. Notre code pré- « sente une nomenclature complète, une sorte de tableau « synoptique des actions coupables. S'il se produit quel- « qu'un de ces faits qui révoltent la conscience et lèsent « ou menacent l'ordre moral, mais qui n'ont pas été « prévus et définis, la vindicte publique se trouve dé- « sarmée ; on ne connaît plus les peines arbitraires que « les juges d'autrefois appliquaient à ces crimes innom- « més, en proportion de leur perversité. Aujourd'hui, « nous avons des catégories dûment closes et arrêtées « des actes qui peuvent tomber sous le coup d'une ré- « pression pénale ; tout ce qui n'est pas défendu est « permis ou peut du moins être fait avec impunité. C'est « l'axiôme du droit nouveau, axiôme commode, qui laisse « de la marge aux coquins, mais qui marque, on voudra « bien en convenir, un déplorable abaissement de niveau « dans la morale sociale. »

Ainsi, la loi ne punit, comme voleur, que celui qui soustrait frauduleusement une chose qui ne lui appartient pas ; mais le vulgaire, le haut jury, appelle voleur quiconque bénéficie indûment d'une chose au préjudice d'autrui.

Les vols non qualifiés par la loi n'en sont pas moins réels, pas moins immoraux, pour n'être justiciables que de la conscience publique, car la conscience publique est l'interprète souverain de la justice éternelle.

Ce qui échappe à la loi civile n'est même pas toujours ce qu'il y a de plus intrinsèquement mauvais. Cette loi a si peu la prétention d'être un code de morale que la Cour de cassation, dans un arrêt du 21 juillet 1868, consacre la jurisprudence qui suit : « Bien que les juges « du fond reconnaissent que, pour s'attirer la bienveil- « lance du testateur, le légataire a eu recours à des « moyens que l'honneur réprouve et que la morale con- « damne, ils ont pu, sans violer aucune loi, refuser de « prononcer la nullité du testament. La suggestion et la « captation ne sont une cause de nullité des dispositions « testamentaires qu'en tant qu'elles résultent de ma- « nœuvres frauduleuses ayant porté atteinte à la liberté « d'esprit du testateur, et non de manœuvres simplement « immorales. L'art. 1131, relatif aux obligations sur cause « illicite, n'est point applicable en matière de legs. »

La jurisprudence moderne a retenu ce dernier principe des Romains ; chez eux, dit M. Troplong, les moralistes vouaient au ridicule et au mépris les quêteurs d'héritage par simple persuasion, mais le préteur ne les privait pas, par cela seul, des libéralités achetées par leurs bassesses. Voilà ce qu'est la justice des tribunaux ! Voilà ce qu'elle vaut, ce qu'elle peut : c'est loin de la perfection idéale.

Cette doctrine simplifie la tâche du juge ; mais elle consacre les profits réalisés en violation de l'équité. Elle prime la fourberie, elle convie à mal faire. Avec elle, le respect de la propriété et de l'ordre public est ruiné dans sa base naturelle et légitime, puisque la possession peut ne plus reposer que sur un méfait, sur une entorse à la loi éternelle. Au fond, c'est la théorie brutale du fait accompli; le triomphe du succès *per fas et nefas;* la négation du devoir moral avec défense, par la loi sur la diffamation, de maintenir le principe de justice. Ce sont les ténèbres faites sur le gain illicite, l'impossibilité de jeter le voleur adroit dans la lumière de l'infamie, de le mettre au ban des honnêtes gens, de le marquer au front; c'est le droit pour le fripon de marcher la tête levée, de toiser insolemment sa victime, de prendre le pas sur elle. C'est la démoralisation organisée civilement. Toute société virile proteste contre une pareille législation; elle stigmatise le coupable d'elle-même, comme les jeunes états de l'Amérique savent se sauver en appliquant la loi du Lynch.

Si la vue des fortunes faites en un jour, de ces fortunes écloses d'un coup de *Bourse,* dont Ponsard a dit :

> Le succès, qui fait seul le mérite ou le crime,
> Change l'estime en blâme et le blâme en estime.

Le *Beati possidentes* des juristes.

Si la vue de ces fortunes de hasard, réalisées en violation de la loi universelle du travail, irrite déjà les convoitises; comment défendre les fortunes scandaleuses acquises par des moyens équivoques ou radicalement mauvais. On ne peut exiger le respect pour ce qui n'est pas digne d'estime. La propriété loyalement acquise est la seule qui soit de force à braver l'envie parce qu'elle a l'assentiment de tous les honnêtes gens. C'est elle qui protége l'autre en la couvrant de son honorabilité; c'est cette autre, la propriété malsaine, qui constitue le danger et compromet la possession légitime. L'intensité du péril social croît en proportion de la propriété mal acquise. Le devoir de chaque citoyen est de s'opposer, dans les limites de son influence, à l'extension de cette propriété délétère, de la stigmatiser ; tout serait perdu le jour où elle deviendrait prépondérante, la société n'aurait plus que la force brutale à opposer aux communistes, et la force lui manquerait aussitôt que ses instruments viendraient à réfléchir : *Quis custodiet ipsos custodes.* Un magistrat distingué, M. Oscar de Vallée, frappé du discrédit qui résulte pour l'établissement social de tant d'impurs qui glissent entre les doigts de la justice des tribunaux, est allé jusqu'à proposer d'organiser, concurremment au code, une ligue de l'honneur public, pour leur interdire l'accès de la société des gens de bien.

Notre loi civile, telle qu'elle est constituée, n'a pas qualité pour guérir une blessure morale : elle ne peut y appliquer d'autre baume qu'une réparation pécuniaire, c'est-à-dire un remède hétérogène ; aussi arrive-t-il journellement à nos mœurs de méconnaître l'autorité de la loi, de s'insurger contre elle à l'applaudissement public. Notre droit juridique ne règle à vrai dire qu'une partie du droit universel, la partie exclusivement matérielle ; c'est le dépayser que de le faire intervenir dans le domaine purement moral. Le droit, a dit Bossuet, n'est autre chose que la raison même, et la raison la plus certaine, puisque c'est la raison reconnue par le consentement des hommes. Mais ce droit dont parle Bossuet, est le droit complet, le droit qui règle tout à la fois les litiges matériels et les litiges moraux ; il n'est autre que les lois supérieures de la raison que la conscience présente à la volonté des hommes. La législation ne constitue pas le droit ; elle n'en est que le style, l'expression trop souvent incomplète ; M. de Savigny, le grand jurisconsulte allemand, distingue formellement le droit de la loi ; à ses yeux, la législation et les codes ne sont pas toujours le droit réel et vivant. Chez nous, cette pensée court les rues et s'y traduit vulgairement par cette récrimination fréquente : telle loi n'est pas juste.

II

Dans le droit civil, une promesse du genre de celle qu'avait faite Mme B. n'est valable qu'autant qu'elle a été faite devant notaire, mais le principe en est admis par la loi.

Suivant le code, *les donations sont irrévocables ;* c'est là leur caractère essentiel. Le code (art. 1082) permettait à Mme B. de faire, par contrat de mariage, donation à sa fille aînée de la moitié de la quotité disponible ; ou, ce qui est la même chose en fait et pour la loi, et ce qui est la forme la plus usitée, de s'interdire le pouvoir de faire aucun avantage à son détriment.

Dans le but de faciliter les mariages, c'est-à-dire dans un but éminemment moral et social, le législateur a même accordé des faveurs toutes particulières à ces sortes de donations. Il ne veut pas que cet engagement puisse être annulé sous prétexte de défaut d'acceptation (art. 1087) ; ni même qu'il puisse être résolu pour cause d'ingratitude (art. 959). En pareil cas, le donateur qui a fait une véritable institution contractuelle, une donation au jour de son décès avec réserve d'usufruit, conserve jusqu'à sa mort la faculté de disposer de ses biens à titre onéreux, mais il perd celle d'en disposer à titre gratuit, si ce n'est pour des sommes minimes, dans un but rémunératoire ou de bienfaisance.

Toutes ces dispositions de la loi civile sont conformes à la saine raison ; ce sont celles qui devaient régler la conduite de Mme B. En ne s'y conformant pas, elle a failli ; sa faute est évidente ; elle en a répondu devant Dieu ; il n'appartient plus aux hommes de la juger.

Devant l'honneur et la conscience, Mme G. était liée aussi elle par le serment de sa mère. « L'héritier est tenu « des faits du défunt à qui il succède ; c'est une vérité « de droit naturel, dit Domat. »

Celui qui se rend héritier s'oblige envers les créanciers de la succession ; et ici le devoir de la fille était d'autant plus léger que la promesse de sa mère ne blessait en rien son droit naturel.

Mais la loi civile exige, *sous peine de nullité*, que toutes donations entre vifs soient faites devant notaire ; or, Mme B. ne s'était obligée que sous signature privée; c'est de ce défaut de forme que s'empare Mme G. pour dépouiller sa sœur en livrant son honneur et celui de sa mère ; deux actes qui sont également odieux.

« L'enfant qui s'enrichit à ce prix est maudit de Dieu « et des hommes. » (*Catéchisme de Mgr Dupanloup*, p. 48.)

. . . . . . Donc pour s'être fié
A l'honneur de mon père on sera spolié !
Et nos lois ont permis que le nom paternel
Fût souillé par un fils d'un opprobre éternel !
. . . .
Et je fais peu de cas du fils qui délibère,
Quand il faut acquitter les dettes de son père.

(PONSARD, *L'honneur et l'argent*)

Cette permission de la loi est en contradiction flagrante avec la disposition où elle veut que l'outrage à la mémoire du donateur constitue un cas d'ingratitude suffisant pour faire perdre au légataire le fruit de la donation. Or, c'est manquer à la mémoire du donateur que de publier son parjure ; le devoir de la fille était de couvrir la nudité de sa mère sous peine d'encourir la malédiction de Cham. « J.-C., dit saint Ambroise, a voulu « que sa mère fut mariée, bien qu'il dut naître d'une « vierge : il a mieux aimé que quelques-uns doutassent « du miracle de sa naissance plutôt que de l'honneur « de sa mère. »

Cette contradiction est le signal qui marque, dans la ligne juridique, une déviation de la ligne morale ; et cet écart tient uniquement à ce que la loi civile, conséquente avec son principe, n'accorde pas d'effet à la convention passée en dehors de la forme qu'elle a prescrite; tandis que la loi morale ne subordonne la validité d'un pacte à l'accomplissement d'aucune formalité. « La con-« fiance, dit l'avocat-général d'Angers, M. Merveilleux-« Duvignaux, est un élan de l'âme, et je n'en sais pas de « plus noble. Se confier, c'est croire à la parole humaine, « c'est accepter pour garantie la sincérité, la vertu, la « probité, la bonne foi ; c'est tenir l'honneur d'un homme « pour la plus haute sûreté qu'il lui soit donné de four-« nir ; c'est l'honneur se confiant à l'honneur, une cons-« cience croyant à sa responsabilité, traitant avec une « autre conscience également responsable. Ce n'est point « là vraiment une scène vulgaire, et la simplicité des « formes qui l'entourent n'en rabaisse pas la gran-« deur. »

Ils ne savent donc pas la sanglante torture
De se dire à part soi : j'ai fait une œuvre impure ;
Et de voir ses enfants à la face du ciel
Baisser l'œil et rougir du nom paternel !
. . . .
L'argent, l'argent fatal, dernier dieu des humains
Les prend par les cheveux, les secoue à deux mains ;
Les pousse dans le mal, et pour un vil salaire
Les mettrait les deux pieds sur le corps de leur père.
(Barbier, *Iambes.*)

« Les actes sous signatures privées ordinaires font « la même foi contre ceux qui les ont souscrits, leurs « héritiers ou successeurs, que les actes authentiques. » (Pothier, *Traité des Obligations*, n° 742). « L'obligation « civile, le *vinculum juris*, dit-il, est celle qui a été « contractée dans les formes prescrites par la loi, et « pour l'exécution de laquelle elle accorde son action « en justice. Mais l'obligation purement naturelle, le « *vinculum æquitatis*, est aussi une obligation parfaite, « car elle donne, sinon dans le for extérieur, au moins « dans le for de la conscience, à celui envers qui elle « a été contractée, le droit d'en exiger l'accomplis- « sement. »

Les formalités juridiques ont leur raison d'être, ce sont de sages précautions dictées par l'expérience, mais il ne faudrait pas leur accorder une importance exagérée ; il y a évidemment abus toutes les fois que la forme emporte le fond, que l'accessoire domine le principal : c'est l'ordre naturel renversé. Le formalisme jouit d'une grande faveur auprès des tribunaux ; il doit peut-être moins cette grâce à sa valeur réelle qu'à la paresse du juge, toujours empressé d'accueillir une fin de non-recevoir qui le délivre du souci d'étudier laborieusement le fond d'une affaire. Cet expédient lui est cher parce qu'il l'aide à déblayer un rôle trop chargé, lui permet de juger sans rendre de jugement effectif. Aux yeux du public distrait, l'illusion est produite, mais le sentiment intime de justice naturelle que chacun porte en soi est sérieusement blessé dans l'homme réfléchi. Il ne comprend pas qu'une législation basée sur l'équité mette sur le même pied le vice radical, qui entache une convention dans son essence, et l'omission d'une formalité secondaire, naturellement superflue, dans la manière dont cette convention a été rédigée par écrit ; qu'elle frappe l'acte de nullité absolue dans un cas comme dans l'autre, le déclare non avenu. La loi civile fait là ce que ferait la loi criminelle si elle appliquait indistinctement la peine de mort au crime atroce et à la simple contravention disciplinaire.

La forme notariée n'est pas substantielle, intrinsèque, viscérale ; notre loi elle-même reconnaît en maintes circonstances que la sincérité des actes est aussi bien garantie par les signatures privées que par l'intervention de l'officier public ; celui-ci n'y ajoute que l'authenticité, l'autorité extérieure. Il est de fait que les formalités extrinsèques varient suivant les temps et suivant les lieux ; notre jurisprudence admet toujours la maxime : *locus regit actum*. Tel acte sous signatures privées, fait entre Français, qui ne serait pas valide en France en cette forme, y est reçu s'il a été passé dans un pays étranger où cette forme est admise. Tous les avantages pratiques qn'on peut attribuer aux formalités ne devraient pas faire perdre de vue une considération d'ordre plus élevé ; c'est que le fond d'une convention est de droit universel, de ce droit qui ne varie ni avec le temps ni avec les lieux, de ce droit auquel la justice humaine emprunte toute sa majesté, toute son autorité morale ; la législation qui subordonne ce droit supérieur, respecté par tous, à de mesquines et étroites formalités procédurières, déchire elle-même ses titres d'honneur et se ravale au rang d'une basse police locale.

Mais, dit-on, ces formalités extrinsèques sont des garanties probantes ; elles sont prescrites pour mieux assurer la vérité du fond de la convention. Qu'importe en définitive de quelle manière une preuve est faite, du moment où elle est réellement faite. Quand la loi a la prétention exorbitante d'assujettir la conviction du juge à des règles fixes, quand elle lui défend de voir la vérité autrement que par la lunette qu'elle lui donne ; elle ne devrait pas du moins se mettre en contradiction avec ses principes en ajoutant immédiatement : s'il s'agit d'un pays étranger, vous vous servirez des lunettes du crû ; ce qui est réputé faux ici peut être tenu pour vrai ailleurs.

Il arrive à la routine de dominer jusque là où la raison pure semblerait plus particulièrement devoir régner sans partage. Naguères encore, nous avions une géométrie officielle pour les écoles de l'Etat, une géométrie classique où toute proposition devait, sous peine de nullité, être démontrée par la méthode d'exhaustion des anciens. C'est en vain qu'on eût fait la démonstration bien plus expéditive et tout aussi rigoureuse à la manière de Cavalieri ; la preuve était réputée non faite ; on n'était même pas admis à la faire. Notre législation civile en est encore là avec ses formes obligatoires pour faire la preuve juridique ; la raison n'a pas encore pénétré en souveraine dans ses arcanes, tandis que la géométrie exclusive est tombée depuis longtemps devant le bon sens public.

M. Guizot dit, dans son *Histoire de la civilisation en France*, (t. IV, p. 33) : « Quand les sociétés se forment, « dans les lois barbares et grossières qui appartiennent « à leur première enfance, la morale ne se rencontre « point ; les devoirs ne sont point considérés comme ma- « tière de loi ; on ne songe qu'à prévenir les violences « et les atteintes à la propriété. Quand les sociétés ont « atteint un grand développement, la morale n'est pas « écrite non plus dans leurs codes ; la législation s'en « remet aux mœurs, à l'empire de l'opinion ; elle n'ex- « prime que les obligations civiles et les châtiments ins- « titués contre les délits. Mais entre ces deux termes de « la civilisation, il y a une époque où la législation s'em- « pare de la morale, la rédige, la publie, la commente ; « où la déclaration des devoirs est considérée comme la « mission et l'un des plus puissants moyens de la loi. « On regarde alors, et non sans motif, comme une néces- « sité de seconder légalement le développement, de « soutenir légalement l'empire des principes et des « sentiments moraux pour qu'ils luttent contre la « violence des passions et la brutalité des intérêts per- « sonnels. » Ce que M. Guizot nomme ici l'état intermédiaire de la civilisation des peuples est leur âge vraiment viril ; quand les lois d'une nation sont devenues étrangères à la morale, quand elles sont devenues athées, cette nation est arrivée à la décrépitude ; elle est pourrie. Aussi est-ce avec raison que Mgr le comte de Chambord énumérant, dans sa lettre du 9 décembre 1866 au général de Saint-Priest, les points fondamentaux qui doivent servir de base au gouvernement de la France, dit : « Et « au-dessus de tout cela une grande chose : l'honnêteté! « l'honnêteté qui n'est pas moins une obligation dans « la vie publique que dans la vie privée ! l'honnêteté qui « fait la valeur morale des Etats comme des parti- « culiers ! »

III.

En présence d'une donation revêtue de la forme juridique exigée, c'est-à-dire en présence de la promesse de Mme B. écrite de la main du notaire au lieu de la sienne, les dispositions testamentaires qu'elle a laissées auraient été frappées de nullité par la loi.

Le simple vice de forme dégage-t-il la conscience ?

S'il en était ainsi, il n'existerait plus de loi divine distincte de la loi humaine ; la loi civile serait tout ; elle seule ferait le bien et le mal ; le code remplacerait l'Evangile devenu inutile ; la conscience serait assujettie au Prince qui serait Pape. Ce serait le matérialisme ; l'annihilation du for intérieur ; l'abolition du double devoir relatif à Dieu et à César ; en définitive la consécration pure et simple du droit de la force.

En 1848, un curé de Lyon croyait avoir parfaitement préparé à la première communion une de ses jeunes et candides paroissiennes lorsque le colloque suivant s'établit entre eux. — Ma fille, il me semble que vos parents auraient pu vous vêtir plus convenablement pour le grand acte que vous allez accomplir. — Pour le moment, ils ne le peuvent pas, mon père, mais bientôt j'aurai aussi moi de belles robes de soie. — Vos parents attendent donc un héritage ? — Non, mon père, ils iront prendre ces robes dans les magasins. — Ne savez-vous pas que le vol est défendu, que c'est un péché ? — Je le sais, mon père, aussi n'ira-t-on pas les prendre aujourd'hui ; mais dans quelque temps ce ne sera plus un vol, puisque la loi permettra le pillage : ce sera à notre tour d'être bien mises. — Dieu, dit saint Chrysostôme, ne vous jugera pas sur les lois des hommes mais les siennes, et c'est Dieu qui juge en dernier ressort.

Dans le droit romain, les conventions privées ne devenaient pas civilement obligatoires par le seul consentement des parties. Le principe général était qu'elles ne donnaient naissance à une action qu'autant qu'elles avaient été accompagnées des solennités prescrites par la loi. Aux conventions dont le droit civil ne reconnaissait pas les effets, on donnait le nom particulier de pactes (*pacta nuda*) ; aux autres le nom générique de contrats. La législation moderne, plus honnête que la législation romaine, accorde une action à la plupart des pactes. La loi morale ne distingue pas entre le pacte et le contrat ; pour elle, toutes les deux sont également obligatoires.

Il est une autre maxime du droit romain, que l'honneur germanique a toujours repoussée, malgré les tentatives qui ont été faites pour l'introduire dans notre législation ; c'est celle-ci : *Libertas ultimæ voluntatis est favorabilior quam causa dotis.* Cette maxime, contraire à l'honnêteté, était répudiée par toutes les coutumes de France, comme le remarque le jurisconsulte Mornac (*De pactis*, III, XV). Les Francs, ces généreux barbares, venus de l'autre côté du Rhin, avaient, leurs lois en témoignent, plus horreur de la félonie, de la violation de la foi jurée, que de l'effusion du sang ; ce qu'il y avait de cauteleux dans les mœurs latines n'a jamais altéré leur droiture chevaleresque. Les lois romaines ont émoussé leur barbarie sans les corrompre.

Dans les pays de droit romain, à Toulouse, où ce droit régnait souverainement, l'engagement pour cause de mariage liait définitivement et privait de la faculté de tester, comme le déclare Aufrère dans ses remarques sur les *Decisiones capellæ tholosanæ.* « Si, dit-il, le pacte « fait entre gentilshommes a été confirmé par un ser- « ment, il doit être observé. C'est en vain qu'on objecte « que ce lien pourrait empêcher le mourant d'exécuter « un vœu, de payer la rançon de son âme ; nous ignorons « ce qui peut se passer dans son esprit, mais ce que nous « savons pertinemment, c'est qu'il ne peut manquer à son « serment sans compromettre son salut éternel. »

Les obligations conventionnelles qui ne blessent ni l'ordre public ni la morale, sont supérieures à la loi ; il est au-dessus de son pouvoir de leur enlever leur force obligatoire ; elle peut seulement ne leur accorder sa garantie que sous certaines conditions ; elle ne fait pas autre chose quand elle prescrit une forme sous peine de nullité.

Aussi, non-seulement les théologiens, mais encore les jurisconsultes les plus éminents, disent-ils que l'acte frappé de nullité pour le for extérieur, n'en reste pas moins obligatoire dans le for intérieur, s'il ne pèche pas par ailleurs que par le vice de la forme prescrite. La nullité prononcée par la loi ne tombe pas sur la convention elle-même, mais uniquement sur l'acte.

L'acte ou le contrat n'est pas la convention : il lui est postérieur ; il n'est que l'instrument passif qui sert à constater son existence ; la preuve du fait. La loi elle-même admet que promesse de vente vaut vente ; et, dans les cas les plus graves, dans les causes capitales, elle n'impose aux jurés aucune règle pour former leur conviction ; la conscience seule leur dicte le verdict.

Lord Lyndhurst, chancelier d'Angleterre, disait au Parlement, à propos d'une réclamation à laquelle on opposait un défaut de forme : « L'honneur, le caractère et « la dignité de ce pays pourraient-ils admettre un seul « instant qu'une nation grande et puissante comme la « nôtre *pût se retrancher derrière un point de forme* « *pour éviter le paiement de ses obligations pécuniaires*? « que ce serait peu digne de la nation ! *Fiat justitia !* « *Ruat cœlum !* Ce serait une tache pour la nation ! Ce « serait une tache pour chacun des citoyens qui la com- « posent ! J'aimerais vieux vendre jusqu'à mon dernier « habit que d'être soumis à une pareille honte. »

La justice morale et la justice légale sont tellement distinctes qu'on voit tous les jours, par un abus de juridiction que l'indignation de l'homme privé excuse, et auquel l'honnêteté publique applaudit, des arrêts flétrir dans les considérants celui qu'ils sont obligés d'acquitter dans le dispositif. Les magistrats sont donc les premiers à reconnaître qu'il existe un code supérieur à celui qu'ils appliquent ; le code de la conscience qui n'a jamais prescrit la forme que devaient revêtir les pactes, qui ne voit que la convention en elle-même, le consentement synallagmatique des parties contractantes.

Le respect d'une convention prend sa source dans le

respect de soi et des autres : c'est le sacrifice de l'instinct animal à la force morale ; c'est une victoire de la volonté spirituelle sur l'intérêt matériel qui pousse souvent à y manquer ; c'est l'accomplissement du commandement : « Tu ne mentiras point, » renouvelé dans le Lévitique, où il est dit (XIX, 11) : « Vous ne déroberez point, vous « ne mentirez point, et nul ne trompera son prochain. »

« Pour les gens honnêtes, toute promesse acceptée « constitue un contrat, et la force obligatoire des contrats « est le résultat simultané des lois de vérité, d'ordre et « de justice auxquelles obéissent les sociétés aussi bien « que les individus. Celui qui manque à la foi des con- « trats, manque en même temps à la vérité, à l'ordre et « à la justice. Sans ces lois, *qui nous obligent en cons- « cience*, et de l'observation desquelles dépend notre « paix intérieure, bien plus encore que notre paix exté- « rieure, les contrats ne seraient d'aucune valeur. » (*Des Obligations*, par M. Moy de Sons).

En résumé, la parole seule est un lien suffisant entre gens honnêtes : l'écriture n'est pas autre chose que la parole fixée, une précaution contre un défaut de mémoire ; un avis à ceux qui n'étaient pas présents à la convention. La forme du contrat n'ajoute rien à la validité morale de l'engagement ; elle n'est qu'une garantie contre la mauvaise foi des contractants, un moyen de les contraindre légalement à l'exécution de leur promesse ; c'est une sûreté générale, comme l'hypothèque est une sûreté spéciale. Le contrat en forme ou titre exécutoire marque donc une suspicion de loyauté. Or, on ne peut se défier de quelqu'un qu'à la condition de le supposer capable de devenir criminel.

En traitant avec un étranger, la défiance n'a rien de blessant ; on peut, à la rigueur, imputer au contractant son manque de prudence, s'il a négligé quelque formalité. Mais un gendre peut-il décemment exiger un gage légal du père qui lui témoigne une opinion assez favorable pour lui confier sa fille ? Une pareille prétention de sa part ne serait-elle pas injurieuse, n'équivaudrait-elle pas à cette déclaration : « Vous croyez à mon honnêteté, tandis que je doute de la vôtre. » On traite un marché avec toutes sortes de gens : on ne s'allie qu'avec ceux qu'on estime.

Et le nouveau venu dans une famille ne doit-il donc pas compter aussi sur la loyauté de la sœur de sa femme ? Silvio-Pellico dit que la communauté du sang et la conformité des habitudes entre sœurs, produisent naturellement une si puissante sympathie qu'elle ne peut être détruite que par un épouvantable égoïsme. En effet, pour toute sœur bien née, la sœur sans laquelle elle ne s'est jamais connue, avec qui elle a combattu dans la mêlée de la vie, se soutenant, se relevant l'une l'autre ; avec qui elle a partagé ses craintes et ses espérances, ses amitiés et ses deuils ; cette sœur qu'elle retrouve encore à ses côtés quand les ombres du soir s'allongent et que les rangs des contemporains s'éclaircissent ; cette sœur est vraiment une partie d'elle-même. Pour éprouver une déception à son endroit, il faut tomber sur une monstruosité ; sur une de ces natures incomplètes, où la poitrine est vide comme chez les cucurbitacées ; sur la Siréne des anciens ou la fille de marbre de nos jours qui exploite sans sentir ; sur la femme qui ne peut prétendre au pardon parce qu'elle n'a rien aimé.

Cependant, une sœur ne se détache pas brusquement de sa sœur ; il faut, pour briser le lien qui les unit, que celle-ci lui ait donné des sujets de mécontentement graves et réitérés, ou plutôt que la première ait blessé sérieusement la seconde, car le grand observateur, Tacite, a dit dans sa *vie d'Agricola : Proprium humani ingenii est odisse quem læseris ;* de même qu'on s'attache naturellement à ceux qu'on a obligés, de même on prend en aversion ceux qu'on a desservis. En effet, Mme G. avait voulu tromper sa sœur dans un précédent partage. Elle avait reçu de son père une ferme en dot, préférant un revenu foncier à une rente en argent. Avec le temps, elle avait cherché à augmenter son revenu et, pour obtenir un bail plus avantageux, elle avait concédé *secrètement et à perpétuité*, à son fermier, qui était propriétaire limitrophe, une servitude désastreuse, un droit qui dépréciait d'un tiers la ferme qu'elle avait reçue en dot. Or, cet immeuble, grevé à son profit exclusif, elle voulait le rapporter à la masse dans l'état déplorable où elle l'avait mis. Pour atteindre ce but, elle avait même imaginé toute une trame habilement ourdie. Sa machination fut mise à nu, mais M. C. n'usa pas de tous les avantages de sa position : il se montra débonnaire vis-à-vis de la perfide ; il consentit à supporter une partie du dommage provenant surtout d'un fait d'inexpérience, et puis son adversaire était une femme qu'il n'avait pas encore jugée.

Le comte de Montalembert a dit : Quand un homme est condamné à lutter contre une femme, si cette femme n'est pas la dernière créature, elle peut le braver impunément. Quelle est donc ici cette femme qui, faisant appel aux sentiments chevaleresques et se posant en loyal antagoniste, se redresserait fièrement en disant : Frappez, mais vous ne me vaincrez pas. C'est une mauvaise sœur, un nourrisson indigne de la jurisprudence, pour nous servir des expressions du procureur général Dupin, qui se présente au tribunal pour qu'il l'adopte et la choie ; pour qu'il l'enrichisse aux dépens de sa sœur, de l'amie de son premier âge, de la compagne de tous ses souvenirs, de celle à qui elle donnait encore un dernier baiser en la trahissant. Le juge est enchaîné par un texte : *dura lex, sed lex ;* il fait taire la voix du cœur, surmonte ses répugnances et abandonne sa proie à la convoitise. C'est là sans doute un des sacrifices les plus pénibles qui puissent être faits par une âme élevée au devoir professionnel : l'abaissement de la conscience devant le code des hommes.

L'ancienne jurisprudence des Parlements était, dit-on, trop arbitraire ; elle ne répondait pas suffisamment à l'exigeance du principe d'égalité devant la loi, n'assurait pas l'uniformité de son application ; au risque de quelques froissements, on a préféré serrer la réglementation, restreindre, à son minimum, l'appréciation morale du juge, sur laquelle on faisait peu de foi.

Cependant, une grande latitude d'appréciation est l'essence même de la justice pratique, qui se rend en détail, statue chaque fois sur des cas particuliers et bien rarement identiques ; tandis que la loi générale, la règle spéculative, embrasse un ensemble de faits et ne peut prévoir qu'en gros. La justice garrottée, qui fait abstraction systématique de l'équité, repose sur un principe faux et matérialiste ; elle suppose que toute justice émane de l'homme, que son code est parfait, qu'il n'a rien oublié. Cette justice justicière, où la lettre tue trop souvent l'esprit, aurait depuis longtemps révolté tout le monde si son application avait été universelle, mais elle est réservée aux matières civiles qui n'émeuvent pas profondément les masses ; en matière criminelle, où la fibre est autrement sensible, la plénitude d'appréciation a été conservée au jury : la conscience a gardé ses droits, car le jury, c'est la conscience de la société, comme l'a dit M. de Rossi.

Il arrive parfois à la justice justicière, qui n'est qu'une justice conventionnelle, d'entrer en conflit avec la justice vraie ; si on signale la contradiction, on n'obtient qu'une réponse : le code le veut ainsi. Cependant, le plaideur, qui se sent condamné injustement par le magistrat, ne maudit pas son juge, il le sait lié par un texte inflexible ; il porte son ressentiment plus haut, à la source du mal ; il s'en prend au législateur même, à la société tout entière : il juge nécessaire de la réformer radicalement : ce n'est plus un simple rouage, une erreur individuelle, qui l'a blessé par son imperfection : c'est la machine sociale dans son ensemble qui lui est devenue odieuse. La codification à outrance n'est pas étrangère à l'esprit de révolte, au mépris et à la haine de l'autorité si répandus de nos jours.

La justice repose sur un petit nombre de principes fondamentaux ; il est difficile et dangereux de formuler leurs conséquences rigoureusement et *à priori ;* ces conséquences ne peuvent être tirées avec certitude qu'au fur et à mesure de leur application à chaque cas spécial ; c'est en cela que les sciences morales diffèrent des sciences mathématiques où toute conséquence doit être acceptée d'une manière absolue, parce qu'elle ne s'applique qu'à une proposition abstraite. En se hâtant trop de réglementer obligatoirement toute une suite de déductions morales, les juristes ont fait bien des ennemis à la société, et les casuistes ont créé bien des antagonistes à la religion. Il ne pouvait en être autrement parmi les esprits superficiels, incapables de distinguer la loi primordiale, qui est toujours saine, du commentaire aventureux qui bien souvent cesse de l'être.

Alfred de Vigny a écrit un livre remarquable sous le titre de *Grandeur et servitude militaires ;* on pourrait en écrire un autre *sur les grandeurs et les servitudes de la magistrature ;* on pourrait exposer ses chaînes, comme le comte d'Haussonville expose en ce moment d'une manière saisissante, *les grandeurs et servitudes du sacerdoce :* tant il est vrai que toute alliance avec une organisation temporelle, toute attache aux intérêts de la terre ôte à la conscience une partie de sa liberté, trouble la pureté divine de son origine : *Non est de hoc mundo.*

IV.

Examinons en lui-même le fait d'exhérédation relaté plus haut, dégagé de tous les accessoires qui pourraient le masquer ou l'obscurcir, l'envenimer ou le pallier.

Que Mme G. ait ou n'ait pas capté l'esprit défaillant de sa mère, ce n'est ici qu'une question accessoire ; libre à chacun d'en penser ce qu'il voudra. Il est difficile de prouver les choses qui se passent à huis clos, sous le manteau de la cheminée ; mais pour tout homme de bon sens les legs ne vont pas chercher ceux qui ne les ont pas sollicités.

Que Mme B. ait donc testé *proprio motu* ou par suggestion ; qu'elle l'ait fait par égarement, par passion ou par simple oubli de sa promesse; ce ne sont encore là que des considérations secondaires, du moment où l'on n'allègue aucun motif qui ait pu la porter à violer un serment basé sur la justice. Et, pour atténuer la gravité du parjure, il faudrait tout au moins une nécessité extrême. Nos devoirs restent nos devoirs de quelque manière que les autres aient accompli leur tâche.

La question principale, celle qui domine toutes les autres, est de savoir si, *oui* ou *non*, Mme B. était liée en conscience ? L'honneur et la morale laïque nous ont déjà répondu *oui :* interrogeons la morale dogmatique élémentaire.

Saint Paul dit que le serment fait, parmi les hommes, le dernier affermissement, la dernière et finale décision des affaires.

Le parjure, qui est le mensonge porté à sa plus haute gravité, a été maudit par tous les peuples et considéré universellement comme un crime social odieux. L'homme a besoin de croire à l'homme ; cette confiance est le lien public de la société : ôtez la foi mutuelle et il n'y a plus d'échanges possibles. En jurant sur l'honneur, c'est-à-dire sur l'estime publique, Mme B. s'était donc liée définitivement.

« La promesse est un acte par lequel une personne « transporte à une autre, pour l'avenir, un *droit* sur « quelqu'une de ses actions ou sur une chose qui lui

« appartient. *Celui donc qui viole sa promesse enlève « à la personne à qui il l'a faite un bien qui lui « était devenu propre.* Ce principe est fondé sur la « droite raison. Si, à la promesse qu'on a faite, *on « a ajouté un serment*, l'obligation de l'exécuter est « plus stricte encore. » (*Explication du Catéchisme*, par l'abbé Guillois, t. II, page 184, ouvrage adopté dans tous les diocèses).

« Manquer de parole à quelqu'un, ne pas tenir ce « qu'on lui avait promis, de bouche ou par écrit, « c'est le *dépouiller d'un droit*, et par conséquent se « rendre coupable d'injustice à son égard. » (*Ibid.*, page 192.)

« *C'est retenir injustement le bien d'autrui* que de « ne pas accomplir la promesse acceptée par celui à qui « elle a été faite. Dès qu'une promesse a été faite, « *elle oblige en conscience.* Celui qui l'a acceptée *a ac- « quis un droit* à la chose qui lui a été promise, et « par conséquent, *c'est retenir le bien d'autrui* que « de ne pas accomplir une promesse. Si l'objet de la « promesse est considérable, celui qui l'a faite *pèche « mortellement* en ne l'accomplissant pas. » (*Ibid.*, page 393.)

La doctrine est claire. L'obligation de Mme B. était aussi étroite qu'on puisse l'imaginer par la légitimité de son origine, par l'équité du but et par l'importance de la quotité disponible qui atteignait deux cent mille francs. Elle a ravi à une personne déterminée un droit qui lui était acquis ; elle a commis un délit et causé un préjudice à autrui.

V.

De ce que Mme B. est morte sans avoir satisfait à son obligation, s'en suit-il que *la dette* qu'elle avait contractée vis-à-vis de l'aîné de ses gendres se soit éteinte avec elle ; que cette dette ne grève pas sa succession ?

« Les créances ne s'éteignent pas par la mort du « créancier, car ce qu'on stipule, on est censé le sti- « puler tant pour soi que pour ses héritiers et autres « successeurs universels. (Pothier, N° 673.)

« Hors le cas des faits personnels, celui qui a promis « de faire quelque chose et qui est mort sans l'avoir fait, « quoiqu'il n'ait pas été mis en demeure de le faire, « transmet son obligation à ses héritiers qui sont obligés « de faire ce que le défunt s'était obligé de faire. » (*Ibid.*, N° 675.)

« La base de toute justice, dit Cicéron *(de officiis)*, « est la bonne foi ; c'est-à-dire la sincérité des paroles « et la fidélité aux engagements. Il est des injustices « de deux sortes : l'une est celle que l'on commet, « l'autre celle qu'on ne repousse pas lorsqu'on en a « les moyens. »

Non-seulement l'obligation d'une partie contractante passe à ses héritiers, mais si l'obligation renferme une clause pénale, pour le cas où l'obligation ne serait pas remplie, cette clause est applicable à l'héritier mis au lieu et place du contractant, *hæres sustinet personam defuncti*. Mme B. avait stipulé la perte de son honneur si elle manquait à sa promesse ; il n'y a donc pas ici que son honneur seul qui soit perdu, celui de Mme G. suit le même sort.

Et sans honneur il n'y a plus de famille.
(HUGO).

Dira-t-on que, par la vertu d'un testament qui ne désigne même pas la dette qu'il anéantit implicitement, Mme B. a eu le pouvoir de se libérer toute seule ?

Il aurait fallu que le titre de son créancier fût dépourvu de toute valeur pour tomber indirectement devant une simple volonté testamentaire. Il n'en était pas ainsi, car nous venons de voir qu'il obligeait la débitrice de la manière la plus sérieuse, *sous peine de péché mortel.* Un droit, dit Mr Troplong, cesse d'être un droit quand il y a un pouvoir qui peut enlever la faculté d'en jouir. Or, aucun pouvoir sur la terre ne peut délier d'une obligation licite et naturelle quand celui qui l'a contractée a les moyens de l'accomplir.

Si Mme B. avait contracté une dette légitime, quoi qu'elle ait pu faire sans le concours de son créancier, cette dette a suivi sa succession ; elle grève les héritiers du sang, qui sont la continuation de sa personne ; ces héritiers sont tenus de l'acquitter comme elle l'était elle-même. La loi veut (art. 2092) que toutes les fois qu'une personne s'oblige, elle oblige ses biens ; de là la maxime vulgaire ; *qui s'oblige, oblige le sien.*

Écoutons Pothier dans son *Traité des Obligations ;*

« Quoiqu'il soit de l'essence de l'obligation qu'il y ait « deux personnes, dont l'une soit créancier et l'autre « débiteur, néanmoins l'obligation ne se détruit pas par « la mort de l'une ou de l'autre : car cette personne est

« censée survivre à elle-même dans la personne de ses « héritiers qui succèdent à tous ses droits et à toutes ses « obligations. » (N° 125.)

« Si mon débiteur a légué la chose qu'il s'était obligé « de me donner, et qu'il meure ; il aura, par sa mort, « transféré la propriété au légataire, suivant la règle « de droit qui porte : *dominium rei legatæ statim à* « *morte testatoris transit a testatore in legatorium* (1). « Car, étant, suivant nos principes, demeuré propriétaire, « il a pu lui en transférer la propriété. Ce sera donc au « légataire qu'elle devra être délivrée ; et je n'aurai en « ce cas qu'une action en dommages et intérêts contre les « héritiers de mon débiteur. » (N° 152.)

« Observez néanmoins que si le débiteur, lorsqu'il a « fait passer à un tiers la chose qu'il s'était obligé de me « donner, n'était pas solvable, je pourrais agir contre le « tiers acquéreur pour faire rescinder l'aliénation qui lui « a été faite en fraude de ma créance, pourvu qu'il ait « été participant à la fraude, s'il était acquéreur à titre « onéreux. S'il était acquéreur à titre gratuit, il ne serait « pas même nécessaire pour cela qu'il eût été participant « à la fraude. » (N° 153.)

D'après ce qu'il vient de dire, il eût été fort inutile à Pothier d'examiner le cas où c'est l'héritier lui-même qui se trouve être légataire de la chose antérieurement promise à un autre. La solution saute aux yeux ; si le léga-

(1) Cette règle a précédé l'obligation où est aujourd'hui le légataire d'obtenir préalablement la délivrance de son legs de l'héritier naturel qui seul est, de droit, saisi de la succession, comme l'était autrefois l'héritier noble et principal avant de donner partage à ses puînés.

taire doit, dans tous les cas, dédommager les tiers du préjudice qui leur a été causé par l'infidélité de son auteur ; à plus forte raison doit-il le faire quand cette infidélité a été commise à son profit.

La morale exige que l'ordre de priorité des obligations de toutes natures soit pris en considération comme s'il s'agissait d'inscriptions hypothécaires. Personne ne peut transférer à autrui plus de droits qu'il n'en a lui-même, et l'on ne possède plus le droit dont on a déjà disposé.

Mme B. avait créé *un droit ;* ce droit n'était pas autre chose que l'assurance du partage égal, il ne blessait aucun autre droit. Reconnu et confirmé plutôt que créé pour cause de mariage, ce droit n'avait rien de commun avec une donation gratuite et arbitraire ; il était donc légitime à tous égards. Mme G. n'aurait été fondée à s'opposer à l'exécution de la promesse de sa mère que dans le seul cas où cette promesse aurait porté une atteinte grave au droit naturel qu'elle tenait de sa naissance. On peut opposer un droit antérieur à un droit postérieur, mais opposer à un droit, ce qui n'est plus qu'un fait, c'est méconnaître la justice et faire appel à la force. Or, la justice est recommandée plus souvent dans l'Évangile que la charité elle-même, et la voix par excellence a dit récemment : « La sainteté du droit et l'obligation du devoir « doivent être maintenues contre l'injustice de fait « couronnée de succès. » *(Syllabus*, prop. 59 et 61). Apparemment que le Pape ne proclame pas dans une Encyclique des principes généraux pour les seuls besoins de sa cause particulière.

La justice est absolument impérative ; c'est un ordre

ferme et arrêté qui s'impose sans condition à toutes les volontés : elle ne souffre pas de transactions. La distinction du fait et du droit est éternelle : la raison veut être obéie ; le corps seul se courbe sous l'événement accompli ; la matière ne régit pas l'esprit.

Par son testament, Mme B. *a enlevé à sa fille aînée un droit qui lui était devenu propre ; elle l'a dépouillée d'un droit acquis ; elle a retenu injustement le bien d'autrui.*

« Il n'y a point de rémission des péchés, dit saint « Augustin, si l'on ne restitue au prochain ce qui lui « appartient. » *Non remittitur peccatum, nisi restituatur ablatum.* Le prophète Ézéchiel avait déjà dit la même chose, chap, XXXIII ; et *les Nombres* (V. 6, 7, 8) veulent même qu'on ajoute à la restitution le cinquième en sus du juste prix du dommage pour laver le péché. « La res« titution est une condition de salut ; ni les prières ni les « aumônes, ne peuvent soustraire à cette obligation im« périeuse, absolue. Et *le devoir de la restitution s'ap« plique également* aux successeurs et héritiers du spo« liateur primitif, » ajoute saint Augustin (Ép. 54 *ad Macedonium*).

Cette doctrine, proclamée par tous les conciles, a toujours été celle des honnêtes gens. Écoutons le chancelier de Chiverny dans son testament de 1586, nous pourrions en citer cent autres semblables.

« Je veux et ordonne à mes enfants d'acquitter et « payer fidèlement toutes les dettes qui se trouveront « être par moi dues lors de mon trépas, *afin qu'ils ne « retiennent aucune chose du bien d'autrui qui juste-*

« *ment ne leur peut ni à moi appartenir en bonne*
« *conscience.*

« Pour premier et principal héritage, je désire laisser « à mes enfants *la mémoire honorable* de leurs ancêtres. « Et, pour plus grand et assuré bien qu'ils sauraient « avoir, je leur encharge et recommande de toute affec- « tion et puissance paternelle, la paix et parfaite union « entre eux, avec l'amitié et concorde fraternelle qui les « entretiendra et conservera. »

« Le fils tire sa gloire de l'honneur du père, et un « père sans honneur est l'opprobre du fils. L'union des « frères et l'amour des proches plaisent à mon esprit. » (*Ecclésiastique*, III, 12, 13, et XXV, 1, 2.)

On rencontre encore de braves gens, sans autres ressources que le travail de leurs bras, qui prennent sur le nécessaire pour payer les dettes de leur père. Aucun sacrifice ne leur coûte pour sauver l'honneur paternel, pour maintenir dans leur famille la réputation d'une vieille probité héréditaire, base de toute véritable noblesse, et sans laquelle les qualifications hiérarchiques ne sont plus que des étiquettes mensongères. Ceux-là ne s'informent point s'il existe une nullité de droit dans le titre de leur créancier ; ils savent que leur père devait et cela leur suffit. Il y a des positions qui obligent ; la délicatesse des sentiments doit croître à mesure qu'on s'élève dans l'échelle sociale, alors surtout que la fortune en rend la pratique si facile qu'elle reste à peine méritoire.

Chez les Chinois, les familles les plus pauvres ont leur chambre des ancêtres et leur livre des aïeux, un conseil intime statue sur l'exclusion des indignes ;

le culte intérieur de la famille va jusqu'à l'idolâtrie. En Corse, c'est le sentiment de l'honneur extérieur de la famille qui domine ; il y est poussé jusqu'au paroxisme dans la *vendetta,* et dans le courage avec lequel on a vu des condamnés au dernier supplice se laisser mourir de faim pour ne pas infliger aux leurs la tache d'une exécution publique.

Entre ces extrêmes, se rencontrent des sentiments plus mesurés et meilleurs. « Ce qui me frappe dans les *Sou-* « *venirs de famille* de M. de Barante, dit M. Guizot, « c'est le profond sentiment que le père et le fils ont l'un « et l'autre des liens et des droits de la famille, de la « famille tout entière, dans le passé et dans l'avenir « aussi bien que dans le présent. Ils honorent les uns et « veulent à leur tour se faire honorer des autres : ils « vivent dans les tombeaux de ceux qu'ils n'ont pas con- « nus et dans les berceaux de ceux qu'ils ne verront pas. « Il n'y a point de sentiment plus désintéressé et plus « noble, ni qui appartienne plus exclusivement à la nature « humaine ; il n'y en a point qui atteste plus haute- « ment sa dignité, ses titres supérieurs et ses grandes « espérances. »

En tous temps, en tous lieux, l'honneur a été héréditaire comme les biens matériels. Au combat des Trente, Beaumanoir encourage un de ses chevaliers en lui disant : Souviens-toi de ton aïeul, qui alla à Constantinople pour acquérir de la gloire ; il en apostrophe un autre, qui semblait fuir, par ces mots : il te sera reproché à toi et à ta race.

L'union en famille, l'union vraie est le premier bien de la vie. C'est réunis que les charbons brûlent ; de même, disent les livres de l'Inde, c'est l'amour des frères qui fait leur force ; et, comme les charbons aussi, c'est en se séparant que les hommes s'éteignent. Raviver le feu du cœur, se rapprocher pour s'aider et se secourir, double l'énergie, grandit le courage ; l'union augmente la valeur et réduit les besoins. L'Écriture dit de la concorde fraternelle : *Ecce quam bonum et quam jucundum habitare fratres in unum.* Aucun avantage de fortune ne saurait compenser l'isolement, la perte de la confiance naturelle dans ses proches, de l'abandon avec eux. Or, après un partage arbitraire, il ne peut plus exister entre frères que des relations de convenances sociales, de froide politesse. Les dispositions légales, dans un système d'hérédité quelconque, peuvent blesser les intérêts, du moins elles ne frappent pas au cœur.

Sous le régime patriarcal, type primitif de la famille, l'aîné est le lieutenant naturel du père, le tuteur né, le guide et l'appui de ses jeunes frères ; les avantages qui peuvent être attachés à cette position sont plus que compensés par le dévouement qu'elle exige et les devoirs nombreux qu'elle impose. Dans les campagnes, le père et la mère venant à manquer, c'est encore aujourd'hui le fils aîné qui leur succède dans le bail de la ferme. Un jeune homme, souvent mineur d'âge, se trouve élevé tout-à-coup à la dignité de chef de famille par le devoir qui lui incombe et la responsabilité qui pèse désormais sur lui seul ; il commande avec autorité aux valets et aux servantes, dirige l'exploitation, assigne à chacun de ses frères son rôle, et ne peut plus songer à son établissement particulier qu'après avoir assuré l'établissement des orphelins que la nature lui a donnés en garde. C'est là un privilége que les révolutions politiques ou sociales n'ont pu enlever au premier né de la famille, le privilége de faire du bien aux plus jeunes; c'est là l'aînesse qui subsistera et obligera toujours. C'est en considération des charges éventuelles de l'aîné, que la coutume de lui faire un avantage dans la succession paternelle a été si généralement répandue, et qu'elle survit encore parmi toutes les classes de nos provinces méridionales. L'aînesse pour soi, l'aînesse à son profit exclusif, serait une disposition monstrueuse ; elle n'a jamais existé nulle part.

Dans l'organisation féodale de la société, les aînés étaient institués héritiers généraux de par la loi en vue de l'utilité publique. Le fief qui devait un chevalier à l'armée n'aurait pas pu être divisé sans affaiblir le service militaire.

Au point de vue aristocratique, la fortune est un auxiliaire indispensable pour soutenir le prestige d'un nom : c'est cette considération qui a fait maintenir le partage noble alors qu'il avait cessé d'être un élément actif de la défense du pays. L'aîné n'était pas avantagé au profit de sa personne, il l'était au profit d'une constitution qui exigeait des noms environnés d'un certain éclat. D'un autre côté, un nom est une propriété commune à tous les membres d'une famille, ses avantages profitent à tous ceux qui le portent; pénétrés de cette vérité et élevés dans cette idée, les cadets acceptaient d'autant plus facilement un apportionnement minime que la loi aristocratique leur réservait, par privilége, dans la société, des positions qui compensaient leur abandon d'hérédité naturelle. Le prestige du nom est si bien enraciné qu'il a survécu à toutes nos révolutions, témoin l'éclatante élection au second empire.

Le droit d'aînesse n'a plus de raison d'être dans notre droit civil ; il est antipathique à notre tempérament démocratique et à notre constitution égalitaire ; la malheureuse tentative faite par la restauration pour ressusciter ce droit fut une de ses erreurs capitales. Si quelques familles ont encore conservé l'habitude de faire un avantage à l'aîné, c'est du consentement de tous les enfants ; c'est par un culte tout intérieur de leur passé ; c'est surtout dans le but d'éviter l'aliénation d'une terre de famille. C'est par cette considération que le souvenir des lieux est intimement uni au souvenir des ancêtres ; que la terre patrimoniale est la patrie de la famille ; que le respect de l'une entraîne le respect de l'autre ; c'est dans la conviction que ces témoins matériels, tout muets qu'ils soient, ne laissent pas que d'exercer une influence salutaire en contribuant au maintien des liens fraternels.

Chez les Asturiens, descendants des anciens compagnons de Pélage, et qui, à ce titre, sont tous réputés de noble race, l'aîné garde invariablement le manoir paternel, alors même que la misère oblige souvent les cadets à s'expatrier, à aller à Madrid, où ils exercent les professions les plus humbles, celles de commissionnaires, de porteurs d'eau, etc. Là, ils n'oublient pas le berceau de la famille ; et adressent de loin en loin à leur aîné de petites économies qu'ils ont amassées *para sustentar el mayorasgo*, pour soutenir le majorat ; c'est-à-dire pour maintenir debout la bannière de la famille. Les Pénates ne se déplacent pas impunément ; il y a solidarité dans les souvenirs.

C'est un sentiment noble et touchant que ce respect du nom gardé par tous ceux qui le portent ; c'est une incomparable garantie de dignité pour chacun d'eux en particulier. Cette petite société domestique a pour lien, pour symbole, le vieil écusson qui surmonte la porte où le fier et pauvre hidalgo, souvent le plus gêné de ses frères, est posé en sentinelle par le devoir d'aînesse pour garder les Lares de la famille. Rien n'est plus opposé à ce dévouement à la tradition, à l'honneur du lignage, que l'avantage arbitraire, sans obligation corrélative, fait au plus égoïste de ses enfants par un père faible ou fantasque. L'enfant gâté est ordinairement celui qui mérite le moins la préférence dont il est l'objet ; s'il a gagné les bonnes grâces du père, c'est en flattant sa vanité ou ses défauts ou par quelque autre moyen futile s'il n'est coupable : enrichi par un caprice, il dissipera follement le patrimoine qui lui est prodigué sans raison : parasite de la famille durant la vie d'un père aveugle, il en devient, après sa mort, le vampire et trop souvent l'opprobre.

Tout père qui marie sa fille sans faire de réserves, prend l'engagement tacite de la traiter suivant la loi générale : les exceptions ne se présument pas. La loi commune veut l'égalité des partages ; l'exception à la règle est l'attribution de la quotité disponible, permise en vue de certaines éventualités particulières. User de cette faculté par caprice ou sans motifs légitimes, c'est déjà tromper la bonne foi d'un gendre : ici le cas est bien autrement grave ; la mère a dérobé ; elle a diverti ce qui n'était resté entre ses mains qu'à titre de dépôt confié à sa probité.

« Les héritiers, dit Domat, sont tenus à réparer indis-

« tinctement tous les dommages que le défunt aurait « pu causer, ce qui renferme même le devoir de s'en « informer pour y satisfaire. Il n'importe même que « l'héritier ait tiré aucun profit du crime de son « auteur. »

« Dans les principes du droit canonique, dit Pothier, « il n'y a que la peine due au délit qui s'éteigne par la « mort de celui qui l'a commis : mais l'obligation de ré- « parer le tort que quelqu'un a commis par son délit « passe à ses héritiers. C'est la décision *du cap. fin. de* « *sépult.* et *du cap.* V, X, *de rapt.* »

L'article 5 de la loi du 22 frimaire an VIII, qui n'a été abrogé qu'en 1848, frappait des mêmes incapacités que le failli *son héritier immédiat, détenteur à titre gratuit de sa succession,* et lui imposait les mêmes obligations pour se réhabiliter.

Le devoir pour l'héritier de payer les dettes de la succession qu'il recueille, *même quand ces dettes ne sont pas de droit juridique,* a donc été reconnu par tous, y compris les législateurs de l'an VIII, non suspects de rigorisme janséniste.

M. C. représente une obligation qui n'est pas payée à son échéance : le souscripteur, par son refus de l'acquitter, se déclare en faillite. Or, la faillite n'est pas seulement un état légal ; pour un honnête homme, la faillite est avant tout le déshonneur. Il n'y a point d'excuse possible à la faillite, si elle n'est pas déterminée par la détresse.

La flétrissure que la faillite imprime est si bien héréditaire que le code de commerce, art. 614, autorise la réhabilitation posthume. Le fils, qui comprend à quoi l'oblige l'étroite solidarité des liens du sang, dégage la mémoire de son père. Ce qu'il poursuit, c'est la restitution de bonne renommée pour son auteur ; il demande qu'il soit replacé dans la position d'honneur qu'il occupait avant la faillite.

Peu importe à qui, de la mère ou de la fille cadette, la faillite doive être imputée : elles ne font ici qu'une seule et même personne. La conscience publique ne distingue pas ; elle se révolte également à l'aspect du luxe étalé, soit par le failli, soit par l'héritier d'une fortune mal acquise.

La promesse de la mère oblige les enfants ; la loi naturelle le dit clairement et la loi religieuse le confirme.

« La promesse faite à Dieu s'appelle vœu. Il y a trois « sortes de vœux : le vœu *réel*, qui a pour objet une « chose ; le vœu *personnel*, qui concerne une action, et « le vœu *mixte*, qui concerne tout à la fois une chose et « une action. Le vœu *réel* impose une obligation qui « passe aux héritiers ; le vœu *personnel* ne se transmet « pas ; le vœu *mixte* impose une obligation qui passe aux « héritiers en ce qu'il a de *réel* seulement. » (Guillois, t. II, p. 197.)

Cette règle, pour la transmission des vœux, est évidemment, et *a fortiori*, celle qu'on doit appliquer à la transmission des promesses ordinaires qui sont certainement acceptées et dont l'inexécution préjudicierait à autrui ; or, la promesse de Mme B. était non-seulement *réelle*, elle était en outre l'un des termes d'un pacte synallagmatique.

Vattel expose les mêmes principes dans son livre *Du droit de nature et des gens.* « Les engagements d'un « traité imposent d'un côté une obligation parfaite, ils « produisent de l'autre côté un droit parfait. Les traités « qui roulent simplement sur les choses auxquelles on « était déjà tenu par le droit naturel, servent à se pro- « curer un droit parfait à ces choses auxquelles on « n'avait jusque-là qu'un droit imparfait. Violer un « traité, c'est violer le droit parfait de celui avec qui on « a contracté ; c'est lui faire injure. Le plus ancien allié « doit être préféré, car l'engagement était pur et absolu « avec lui, tandis qu'il n'a pu se contracter avec le « second qu'en réservant le droit du premier : cette ré- « serve est de droit tacite si elle n'a pas été faite expres- « sément. Autrefois, on jurait les traités ; cette solennité « a été abandonnée. Le serment est un lien personnel, il « n'oblige que la personne qui a juré ; c'est la nature du « traité qui détermine sa durée ; s'il a pour but un objet « *réel*, il subsiste après celui qui l'a fait et passe à ses « successeurs. Aujourd'hui, c'est une coutume générale « que le successeur confirme ou renouvelle les traités, « *même réels*, conclus par ses prédécesseurs ; cet usage « s'est établi en vue d'une plus grande sûreté. Les « hommes font plus de cas d'une obligation qu'ils ont « eux-mêmes contractée expressément que de celle qui « leur est imposée par ailleurs, ou dont ils ne sont char- « gés que tacitement : ils croient leur parole engagée « dans la première et leur conscience seulement dans les « autres. »

VI.

A quelque point de vue qu'on se place pour examiner cette question, on arrive toujours aux mêmes conclusions.

En avantageant, sans motif légitime, Mme G. de toute la quotité disponible, c'est-à-dire en ne laissant à sa fille aînée que ce qu'elle ne pouvait pas lui ravir, Mme B. faisait une action mauvaise ; elle manquait à son devoir de mère ; en le faisant après son serment, elle commettait *un crime*, car le parjure est un crime au dire de tous les moralistes.

Or, *c'est faire le mal*, dit saint Paul, *que d'y consentir et d'y coopérer volontairement*. De là la maxime générale suivant laquelle tout homme qui contribue, *de quelque façon que ce soit*, à un dommage doit le réparer ; qui fait peser la responsabilité d'un fait préjudiciable à autrui, non-seulement sur l'auteur principal, mais sur *tous ceux qui y coopèrent par un concours quelconque*.

Le pape Jean VIII est plus exigeant que l'apôtre, quand il déclare, dans sa lettre à l'empereur Louis, que « *celui qui, pouvant empêcher un mal, néglige d'y por-* « *ter obstacle, est coupable de l'avoir commis.* » Dans tous les cas, la doctrine de saint Paul reste immuable, car le pape Zozime dit aux gens de Narbonne : « *Accor-* « *der ou changer quelque chose contrairement aux sta-* « *tuts des Saints-Pères est hors de l'autorité de ce siége* « *même.* »

« Tous ceux qui contribuent aux fraudes que font les

« débiteurs à leurs créanciers, soit qu'ils en profitent « ou qu'ils prêtent seulement leur nom, sont tenus de « réparer le tort qu'il ont fait. » (Domat, *Lois civiles*, liv. II sect. 2, 2.)

Quel est donc le rôle nécessaire du légataire dans un testament ?

Personne ne prend au sérieux les apparences hypocrites dont il couvre sa convoitise ; c'est en vain que, d'un ton paterne, il proteste de son respect pour la volonté du défunt qu'il ne se permet pas de juger, contre laquelle il ne voudrait pas aller ; nul ne se laisse prendre aux larmes de crocodile qu'il est prêt à verser sur le sort intéressant de l'héritier naturel qu'il dépouille à regret.

Un testament n'est pas seulement une chose trouvée ; et, quand il en serait ainsi, celui qui trouve une chose perdue doit la remettre à son maître, sinon il commet un larcin. Sur certaines côtes se rencontrent encore des habitants barbares priant Dieu qu'il leur envoie de bons naufrages ; ils ne se bornent pas toujours à lui rendre grâces des épaves que la mer leur apporte naturellement ; il leur arrive aussi d'aider le ciel en provoquant les sinistres par des signaux trompeurs : ils croient fermement que le droit de bris leur appartient sur leurs plages farouches. Le cas de ces riverains inhospitaliers n'est pas autre que celui de quantité de légataires du monde policé.

En droit, un testament n'est qu'un projet, une simple résolution unilatérale et révocable durant toute la vie de son auteur. Après son décès, le texte devient immuable, mais ce n'est encore qu'une lettre morte relativement au legs ; il faut que le légataire lui donne la vie par son acceptation ; c'est lui qui rend l'acte parfait.

Il faut encore que le légataire sorte cet acte de sa torpeur en poursuivant la délivrance de son legs auprès de l'héritier naturel ; car c'est celui-ci, l'héritier du sang, qui est seul en possession de tout l'héritage en vertu de la maxime : *le mort saisit le vif.*

Si le légataire répudie son legs, ou bien s'il n'obtient pas sa délivrance, la disposition qui le concerne est anéantie ; elle est réputée n'avoir jamais existé ; ce que le testateur lui avait destiné reste à l'héritier naturel.

Le concours de deux volontés actives est donc nécessaire pour rendre efficace une donation testamentaire.

Si le donateur n'a pu tester sans commettre un crime, ou plus exactement sans avoir arrêté la résolution et fourni le moyen de le commettre ; le légataire qui lui prête son concours indispensable et qui le consomme, assume sa part de responsabilité dans l'acte criminel ; il devient *le complice*, car le complice est celui qui aide sciemment à la perpétration. On lui a donné l'arme, mais c'est lui qui frappe ; c'est lui qui tire le poignard du fourreau où il serait resté inoffensif sans son intervention.

On a toujours dit avec raison : s'il n'y avait pas de recéleurs, il n'y aurait pas de voleurs ; on peut dire, avec plus de vérité encore : s'il n'y avait pas de mauvais légataires, il n'y aurait pas de mauvais testaments.

Le coupable de recel est frappé d'une réprobation unanime et est puni comme complice ; cependant il ne fait que profiter, dans sa cupidité, d'un crime qu'il n'est plus en son pouvoir d'empêcher ou de défaire. Le légataire d'un testament criminel est plus coupable que le recéleur ; il a toujours été plus ou moins l'instigateur du crime dont il connaît toutes les circonstances ; c'est à lui seul que le crime profite, et c'est là, pour le bon sens public, le signe certain de la culpabilité ; enfin, il peut arrêter l'effet du crime s'il lui plaît ; il est obligé d'y mettre les mains pour qu'il se consomme.

En accordant au légataire, ce qu'il est impossible d'admettre sérieusement, mais ce qui lui est le plus favorable, qu'il n'ait rien fait pour obtenir son testament ; on est obligé de convenir que, si le donateur l'a tenté, il a du moins succombé à la tentation. Dans cette hypothèse, le testament équivaut à ce discours : — Si vous voulez vous associer au projet de parjure que j'ai résolu, mais que je ne puis accomplir seul ; si vous voulez me prêter le secours de votre complicité pour la consommation du crime, je vous donnerai toute la quotité disponible. Servez ma passion et vous aurez les dépouilles. — La légataire n'a pas répondu : VADE RETRO ; il est écrit : *tu ne déroberas point.* NON FURTUM FACIES.

Et il n'y aurait de coupable ici que le tentateur ! Qu'on charge donc immédiatement le diable de tous les péchés.

Mme G. était arrivée à un de ces moments de la vie qui sont décisifs, où il faut absolument se montrer tel que l'on est ; elle était obligée de choisir sans ambages entre la considération et la fortune, de publier elle-même ce qu'elle avait au fond de l'âme ; de montrer si elle était douée de quelque rectitude morale, si elle avait conservé quelque instinct d'honneur.

Aux yeux de tous les hommes pour lesquels un serment n'est pas un vain mot, c'est-à-dire de tous les hommes d'honneur et de conscience, Mme B. avait perdu le droit de faire un avantage ; or, recevoir de celui qui n'a pas le droit de donner, ou bien recevoir de celui qui a dérobé c'est tout un : car celui qui a donné sans droit n'a pu le faire qu'en détournant. *Soluto jure dantis, solvitur jus accipientis.* Le cessionnaire ne peut avoir plus de droit que son cédant, le transport d'un droit déjà aliéné est sans valeur.

L'homme vraiment probe respecte le droit partout où il le rencontre et sous quelque forme qu'il se présente ; il s'incline devant le *jus ad rem*, qui n'a d'autre garantie que la bonne foi, aussi bien que devant le *jus in re*, auquel la loi civile prête son concours. Avant d'accepter une donation, l'homme qui tient à conserver l'estime publique s'informe des circonstances dans lesquelles elle est faite, des motifs qui l'ont déterminée, du droit moral que le donateur avait de la faire : il ne voudrait pas, en se lançant dans l'inconnu, courir le risque de tremper dans une iniquité. C'est pourquoi il apporte à cette recherche, qui intéresse sa réputation, le même soin que le spéculateur met, en acquérant une propriété, à en établir l'origine, et à en vérifier l'état hypothécaire dans la crainte d'une éviction ou d'avoir à payer deux fois.

Aux yeux de la loi civile elle-même, qui pourtant n'est pas bien scrupuleuse, l'acceptation pure et simple d'un don n'est pas toujours un acte indifférent ; cette acceptation peut entraîner le blâme et même exposer à des dédommagements. La cour de Paris a jugé le 12 août 1869 que celui qui reçoit en présent des objets d'une personne qu'il sait hors d'état de les payer est responsable, non-seulement de la valeur de ces objets vis-à-vis du vendeur, mais encore du préjudice qui lui a été causé (arrêt de la 4e chambre.)

Que la légataire se soit associée à un acte coupable, et qu'elle l'ait fait en pleine connaissance de cause, c'est évident. Le serment de sa mère lui avait été représenté tout d'abord, et elle en avait reconnu l'écriture. L'honorable homme d'affaires de sa mère l'avait conjurée dès le premier jour, dès la première heure, d'anéantir un testament qu'il nommait *un monument de honte.* Un de ses parents, magistrat éclairé, qu'elle avait interrogé, lui avait répondu :

« La nature et la loi souhaitent également l'égalité « dans les partages : nos mœurs l'exigent. On ne peut « y déroger, sans manquer à l'équité, que dans des cir- « constances graves et exceptionnelles : vous n'êtes pas « dans ce cas. Il y a plus, vous devez honorer la mémoire « de votre mère en tenant ses engagements ; vous ne pou- « vez la laisser sous le coup d'un manque de foi : sa « dette est devenue la vôtre. Faites ce que vous voudriez « que votre sœur fît si elle était à votre place. »

« Il ne vous sera pas demandé, disait le docte et « honnête Pothier, si vous aviez le droit de faire telle « chose, mais bien si le devoir vous permettait de faire « cette chose. »

Faut-il voir dans cette acceptation de ce qui ne pouvait pas être donné, un abaissement héréditaire, une défaillance morale se transmettant de mères en filles ?

La culpabilité de la testatrice n'apparaît pas clairement. Infirme et âgée, elle a pu être égarée par des discours captieux, séduite par des images trompeuses : sa volonté défaillante a pu être dirigée par l'adresse de la légataire ; enfin elle avait sans doute oublié le lien rigoureux d'une promesse qui remontait à une époque déjà reculée. Si on lui avait représenté son serment écrit, qui peut affirmer qu'elle aurait persisté à renier sa foi ; que ce qui lui restait de sang dans les veines ne se serait pas ému à l'idée de mourir méprisée ! Cette imputation est odieuse, et la nature se révolte de la trouver dans la bouche d'une fille.

Mais, quand toutes ces circonstances atténuantes n'existeraient pas ; quand la mère aurait eu la volonté complète et arrêtée de souiller son honneur, la fille préférée devait s'y opposer comme à une aberration honteuse, comme à un suicide. Elle ne devait pas souffrir que sa mère fût ensevelie dans un linceul de fange, dût cette fange engraisser ses terres.

Un vieux militaire, homme d'honneur et de conscience, résumait toute cette affaire en quelques mots d'une énergie telle que nous sommes obligé de les traduire en atténuant leur âpreté.

« Celui qui manque à sa parole est un misérable. Celui
« qui profite de la foi-mentie en s'y associant doit être mis
« dans le même sac ; tous les deux sont *ejusdem farinæ*.
« Spéculer sur la flétrissure de sa mère est le comble de
« l'infamie. »

La casuistique du soldat est nette et précise, mais la droiture des camps est trop simple pour la science des docteurs.

LA PETITE MORALE.

Virtus post nummos.

I.

Mme G. est une femme pieuse : elle a consulté.

Veniesque ad sacerdotes, quæresque ab eis qui indicabunt tibi judicii veritatem. (Deut., ; XVIII, 9.)

Les casuistes lui ont répondu :

I. « Il y a deux sortes de justice : la justice *distributive* et la justice *commutative*. Celui qui ne viole que la « première n'est pas tenu à la restitution ; or, l'inégalité « dans les parts héréditaires ne viole que la seule justice « distributive. »

II. « Le devoir de conscience n'est pas aussi étroit que « le devoir d'honneur ou de délicatesse ; vous pouvez « garder ce que votre mère vous a donné en se parju- « rant. »

III. « Le serment est une obligation toute personnelle. « Il entraîne pour son auteur l'obligation de faire ce qui « a été promis, mais cette obligation ne passe pas à ses « héritiers ou ayant cause. En un mot, promesse de don- « ner ne vaut pas donation. »

IV. « Les promesses et les serments sont de nul effet « en présence d'une donation contraire. Il n'y a pas

« *détournement*, puisque le bien donné était encore la « propriété de la testatrice ; ni *stellionat*, puisque le bien « donné n'appartient pas à autrui ; ni *recel*, puisque le « bien donné n'a pas été volé. »

V. « Après son serment, Mme B. avait perdu le droit « de tester *licitement*, mais elle avait conservé le droit « de le faire *validement*. Le titre de Mme G. n'est point « *criminel*. L'attribution lui est faite par une personne « ayant le *devoir* de ne pas la faire, mais cependant « ayant le *droit* de la faire. Il n'y a donc de criminel ici « que le parjure de Mme B. »

VI. « Si Mme B. a testé de son propre mouvement, et « que sa fille ignore les motifs qui l'ont déterminée, elle « doit présumer que ces motifs sont bons. »

VII. « Quand même Mme G. saurait que sa mère a dis- « posé sans motifs légitimes, elle pourrait encore garder, « parce que, sur ce point, il y a controverse parmi les « docteurs, et que, dans l'incertitude, on ne peut être « obligé à la restitution. »

VIII. « Quand même ce serait Mme G. qui, par des « récriminations bien ou mal fondées, aurait décidé sa « mère à tester en sa faveur, elle ne serait pas obligée à « la restitution, si ses suggestions n'avaient pas eu *pour* « *objet direct* d'obtenir un parjure. »

IX. « Mme G. est certaine que sa mère, en mariant sa « sœur aînée, a fait le serment de n'avantager ni l'une ni « l'autre de ses filles, mais elle ne sait pas si ce serment « a été donné et accepté comme une condition *sine qua* « *non* du mariage de sa sœur. Elle peut garder en sûreté « de conscience.

X. « Mme G. est certaine que le serment de sa mère a « eu lieu et a été accepté comme une condition essen- « tielle du mariage de sa sœur aînée ; elle peut néan- « moins garder en sûreté de conscience. »

XI. « Pour que Mme G. soit obligée en conscience à « la restitution, il faut non-seulement qu'elle sache *de* « *science certaine* que le serment de sa mère a été ac- « cordé et accepté comme une condition *sine qua non* du « mariage de sa sœur aînée ; mais encore que ce soit elle « qui, *par des moyens coupables en eux-mêmes*, soit la « cause véritable du parjure de sa mère. Que, *volontai-* « *rement et sciemment, elle ait travaillé à obtenir un* « *parjure*. En ce cas seulement, elle est complice, insti- « gatrice et responsable d'une injustice qui est devenue « la sienne. »

Cette belle doctrine peut se résumer en ce peu de mots. — La dette de votre mère n'est pas la vôtre. Faites dire quelques messes pour racheter sa faute, et tout votre devoir filial sera accompli. Recueillir une aubaine n'est point un crime. *Gaudeant bene nanti.*

Et, sur la foi des docteurs de la loi, Mme G. a assigné sa sœur *en sûreté de conscience* pour obtenir la délivrance de son legs ; elle n'a pas reculé devant la pensée d'exposer publiquement la honte de sa mère à la barre d'un tribunal ; couverte du manteau des casuistes, elle a bravé cyniquement le fouet de Juvénal :

Quid enim salvis infamia nummis ?

. . . .

Probitas laudatur et alget,

II.

On croit rêver en lisant les décisions qui précèdent ! elles font froid au cœur ; elles déconcertent ; elles repoussent.

La droiture et la probité se révoltent ; la conscience proteste ; le chrétien rougirait de sa loi s'il ne s'indignait de sa falsification.

Inquiet de savoir s'il n'a pas mal placé sa confiance, l'homme de foi s'arrête, revient douloureusement sur lui-même et se demande avec anxiété si ce qu'il croyait être la vérité est bien la vérité, et si la justice dont il avait le sentiment est bien la justice ?

Confus de sa découverte, il est bien obligé de reconnaître que Beaumarchais n'a pas calomnié Basile en lui prêtant cette maxime : *ce qui est bon à prendre est bon à garder.*

Quoi ! La justice de Dieu serait mieux désarmée par des supplications hypocrites que par une franche réparation : des pleureuses à gages auraient sur sa miséricorde plus de crédit que la vue du rétablissement de sa loi. S'il faut être avancé dans le mysticisme pour comprendre comment saint Augustin a pu s'écrier : *ô felix culpa !* en parlant du péché originel qui devait amener la rédemption ; il n'est pas nécessaire d'avoir fait de grands progrès dans la vie dévote pour concevoir que la fille dotée par un parjure ait pu aussi elle, sur la garantie de son directeur, s'écrier : heureux péché de ma mère ! j'en garde le profit tout en obtenant sa délivrance.

Aux yeux des casuites, *promesse de donner ne vaut pas donation,* ce qui se traduit vulgairement par *promettre et tenir sont deux.* Cet adage est bien connu des gens qui ne se respectent pas et qu'on ne respecte guère; mais il faut de la hardiesse, sinon du cynisme, pour en faire une règle absolue de conduite : il faut prodigieusement compter sur le prestige d'une part et sur l'aveuglement de l'autre pour présenter une telle maxime comme étant de bon aloi.

Après une pareille déception, l'homme foncièrement honnête se tient à l'écart ; et le meilleur est celui qui s'éloigne davantage, résolu, de quelque part que lui vienne l'enseignement, de ne plus rien accepter sans l'avoir soumis à un sévère examen.

Toute confiance est perdue le jour où l'on reconnaît que l'on n'a pas affaire à des moralistes de bonne volonté, cherchant la vérité pour elle-même ; mais qu'on se trouve en présence de tacticiens qui manœuvrent dans un intérêt particulier, pour atteindre un but préconçu ; le jour où il apparaît clairement que, dans l'application, ces docteurs font bon marché des règles qu'ils ont présentées, dans leur enseignement spéculatif, comme absolues, inflexibles ; le jour où, malgré tout leur art de pallier, éclate la divergence entre la maxime et la pratique.

Les distinctions sophistiques au moyen desquelles Escobar et compagnie transformaient le précepte de rigueur en simple conseil de perfection, et anéantissaient ainsi toute obligation sérieuse, n'auraient donc pas été frappées mortellement il y a deux siècles par la terrible ironie de Montalte ? Cette science honteuse et dégradante vivrait encore dans des théologies morales autorisées !

Est-il nécessaire d'aller chercher ailleurs la cause de l'abaissement des caractères? Nous l'avons sous la main.

Le P. Lacordaire, recherchant dans la chaire de Notre-Dame de Paris, en 1843 (XVe conférence), les causes qui éloignent de la religion, se demandait : *Serait-ce que la doctrine catholique aurait un caractère immoral*? S'il fallait juger la doctrine catholique sur l'interprétation de ses casuistes, interprétation qui constitue le fruit le plus usuel, le fruit qui est à la portée de tous, le fruit qu'on pourrait croire naturel à l'arbre, le P. Lacordaire n'aurait pas émis uue hypothèse en l'air.

Entre le catéchisme et leurs décisions, la contradiction est flagrante ; c'est le *sic et non*.

Aux uns ils disent :

> Je suis oiseau ; voyez mes ailes :
> Vive la gent qui fend les airs !

Aux autres :

> Je suis souris ; vivent les rats ;
> Jupiter confonde les chats.

La même bouche souffle le chaud et le froid.

Il n'existe pourtant pas deux morales chrétiennes ; l'une patente, que l'on inculque à la candeur des enfants de la première communion, et que l'on prêche encore à la droiture du public du haut de la chaire ; l'autre qui se glisse à l'oreille dans des consultations ténébreuses.

Saint Paul dit aux Corinthiens, dans sa IIe épître :

« Il n'y a point de *oui* et de *non* dans la parole que je « vous ai annoncée. Jésus-Christ n'est pas tel que le *oui* « et le *non* se trouvent en lui. »

La doctrine à double face n'est donc point celle du Sauveur. Il faut choisir entre l'enseignement public et l'enseignement oculte. Le premier, d'accord avec la droite conscience, dit : *Qu'une promesse acceptée vaut un contrat en forme ; que la dette du père oblige le fils ; qu'il n'est pas permis de s'associer à une mauvaise action ; que nous ne devons pas faire à autrui ce que nous ne voudrions pas qui nous fût fait ; qu'on doit honorer ses père et mère ; etc.*

Suivant l'enseignement oculte : *il n'y aurait pas lieu de s'arrêter à de vains scrupules d'honneur ou de délicatesse : on pourrait recevoir de toutes mains, les yeux fermés ; l'engagement du père n'obligerait pas le fils ; il serait inutile de savoir si un acte est licite, mais seulement s'il est valide ; la religion reconnaîtrait des droits contraires aux devoirs ; il ne serait pas nécessaire pour la légitimité d'une possession qu'elle reposât sur un juste titre ; l'héritier pourrait répudier la partie onéreuse d'une succession en gardant celle qui profite ; l'auteur principal d'un crime serait seul coupable et le complice disculpé ; la fille ne devrait rien à la mémoire de sa mère ; pas davantage à la proximité de sa sœur ; etc.*

Cette doctrine malsaine, grosse de conséquences monstrueuses, ne saurait être celle du Souverain-Pontife, *arbitre suprême des principes d'honnêteté et de justice parmi les catholiques*, ou bien donc la doctrine catholique *aurait un caractère immoral* suivant l'hypothèse du P. Lacordaire.

Sans doute, il y a dans la morale des choses claires et d'autres qui sont obscures : ce qui est douteux se rencontre sur les limites encore mal définies du faux et du vrai. Séparer la lumière des ténèbres a été l'œuvre physique de Dieu au début de la création ; séparer la lumière des ténèbres dans le crépuscule moral, resserrer les limites du doute, est la tâche incessante de l'Eglise. Cette tâche, elle l'a abandonnée aux mains secondaires des casuistes qui semblent n'avoir travaillé qu'à troubler les idées saines ; il n'y a pas de plus grands promoteurs du pyrrhonisme. Ils ont l'art de découvrir dans un texte ce que personne n'y voit, et de trouver à ce texte un sens tout différent de celui qui saute aux yeux vulgaires : si bien qu'après avoir lu le livre de sa loi, le simple fidèle qui les écoute ne sait plus à qui croire. C'est là, sans doute, ce qui faisait dire au prince de Talleyrand, dans son discours de réception à l'Académie française, qu'il n'y avait pas d'étude plus profitable à un diplomate que celle de la théologie. Cette fraternité des deux sciences est la critique la plus amère qu'on puisse faire de la casuistique.

Il est écrit dans l'Evangile : « Malheur à vous Scribes et « Pharisiens, car vous négligez les choses les plus impor« tantes de la loi : *la justice et la fidélité.* Conducteurs « aveugles qui arrêtez un moucheron et avalez un cha« meau. » (*St Mathieu,* XIII, 23, 24). « Malheur à vous, « docteurs de la loi parce qu'ayant pris la clef de la « connaissance vous n'y êtes point entrés vous-mêmes, « et vous avez encore empêché d'y entrer ceux qui vou« laient le faire. » (*Saint Luc,* XI, 52). Quant à falsifier la loi sciemment, c'est commettre le péché contre le

Saint-Esprit, le seul qui soit irrémissible. Déjà, dans l'ancien testament, le rôle principal des prophètes, pris en dehors de la tribu de Levi, semble avoir été de rappeler à leur devoir les interprètes officiels de la loi; plusieurs Pères de l'Église, et notamment saint Bernard, ont adressé des remontrances au corps sacerdotal : les mercuriales ont été appliquées à toutes les magistratures; partout elles sont devenues nécessaires. Multiplier les devoirs sans une absolue nécessité; les placer tous sur une même ligne, est vouloir qu'ils soient mal pratiqués : qui trop embrasse mal étreint.

S'il est vrai que l'enseignement religieux ait pour objet la vérité absolue, rien n'est plus éloigné de son esprit que ces prétendues vérités relatives; c'est-à-dire ces vérités qui ne se mesurent à aucune règle fixe et restent flottantes dans l'esprit au gré des circonstances et des dispositions variables où l'on peut se trouver; que ces opinions soi-disant probables, parce qu'il a plu à un faux docteur de les émettre, alors que la loyauté les flétrit à première vue.

M. Paul Janet a dit excellemment : « Comment l'es-« prit le mieux disposé à embrasser avec un amour « respectueux la foi complète de sa famille et la foi « naïve de son enfance ne résisterait-il pas invincible-« ment à une doctrine que son cœur repousse, alors qu'il « sent dans son âme une justice supérieure à celle qu'on « lui propose. L'homme de bonne volonté admet une jus-« tice surhumaine, c'est-à-dire une justice plus juste que « la sienne, une justice qui pèse dans des balances infini-« ment délicates ce qu'il ne peut peser que dans des ba-« lances grossières, mais il ne peut imputer à Dieu une

« justice inférieure à celle qu'il comprend. Il ne peut « accepter qu'il y ait une justice pour Dieu autre que « pour les hommes, ce serait ruiner par la base les prin- « cipes de toute croyance. La première condition de « toute doctrine acceptable est son accord avec la con- « science morale ; rien ne peut obliger à déclarer juste ce « qu'on sent ne l'être pas. On peut se défier du témoignage « de ses sens, mais on ne peut se défier du témoignage « de sa conscience sans mettre toute la morale en ques- « tion. » M. Troplong avait déjà exprimé la même pensée en disant : « Des hommes intelligents ne peuvent étudier « avec sollicitude, défendre avec énergie et appliquer « avec constance que les règles qu'ils croient assez con- « formes à la raison, assez riches de vérités pour mériter « leur estime et leur dévouement. »

Quand on se sent froissé par la justice des hommes, on appelle naturellement de leur décision au tribunal de Dieu. Le droit le plus évident a besoin d'une sanction, il faut que l'homme la trouve dans la loi civile, ou, à son défaut, dans la loi religieuse. Pour le croyant, la parole du docteur en théologie n'est pas autre que la parole divine ; si donc le casuiste se range du côté du code, en opposition avec le cri de la conscience, le fidèle n'a plus aucun refuge ; il est livré au désespoir ; et l'on a vu, dans cette situation, le fanatisme du sentiment de la justice se porter jusqu'au crime. Tel est le danger de la morale large et facile préconisée de nos jours, et dont nous venons de relater une application : avec elle, le catholique est plus exposé à tomber dans le matérialisme que le déiste pur. Toute doctrine religieuse, et celle-là particulièrement, est acceptée comme une vérité indivisible; si la conscience oblige à repousser un point de l'enseignement, la foi dans l'enseignement tout entier est profondément ébranlée. Les compromis avec l'honnêteté naturelle ne sont pas un moyen moins périlleux que les fraudes pieuses pour stimuler le progrès d'une doctrine.

Et cependant, les décisions qui précèdent n'émanent pas d'une opinion individuelle ; ces décisions sont conformes à l'enseignement exposé dans des traités spéciaux qui fixent la doctrine casuistique ; doctrine rajeunie à la fin du siècle dernier par un docteur sorti du barreau de Naples et canonisé de nos jours ; doctrine défendue récemment encore par un haut dignitaire de l'Église de France et reçue à la Sacrée-Pénitencerie de Rome. Loin d'avoir été mis à *l'index,* ces traités exposent ce que les directeurs de consciences nomment les *opinions probables,* opinions contre lesquelles ils ne sont même pas libres de faire prévaloir leur sentiment d'honnêteté personnel. De là tant de braves gens qui décident de manière à surprendre, et de manière à ce que l'on se demande avec inquiétude : où donc est la justice? ne la trouve-t-on qu'au ciel ?

Le vrai coupable n'est point ici le conseiller spirituel, le malheureux prêtre, mais bien le guide obligatoire qu'on lui met entre les mains ; lui aussi peut se disculper en disant avec Françoise de Rimini dans le Dante :

Galleotto fu il libro, e qui lo scrisse.

Ce qu'il y a de vraiment intolérable dans cette jurisprudence du tribunal de la Pénitence, c'est l'autorité abusive attribuée à l'œuvre du premier casuiste à qui il a plu de formuler une décision morale ; c'est de vouloir que le confesseur s'incline devant l'oracle improvisé ; qu'il accepte ce que sa conscience réprouve ; c'est de le réduire au triste rôle de comparse de toute glose morale revêtue d'un *imprimatur*. En présence de cette consigne, la perplexité d'un homme de cœur doit être extrême : cette situation a été admirablement exposée par Pascal, dans sa Ve *Provinciale*. Mais au-dessus du casuiste, il y a l'autorité ecclésiastique qui a laissé passer le livre quand elle avait le pouvoir de l'arrêter, qui l'approuve par cela seul qu'elle ne le supprime pas ; c'est donc à elle, en définitive, que doit remonter la responsabilité de toute décision conforme à un enseignement auquel son silence a donné force de loi.

Les principes moraux ne peuvent être sauvegardés qu'autant qu'ils reposent sur une règle absolue, qui est la règle intérieure. Décider de la moralité d'un acte par l'avis d'un auteur privé, c'est avouer qu'il n'y a plus de principes dans les intelligences, qu'elles sont dépourvues de droiture, de fermeté et de solidité ; c'est nier l'autorité de la conscience, le libre arbitre et la responsabilité individuelle.

Que répondre à ceux qui disent avec Feuerbach : « Aujourd'hui la société est indifférente au bien comme « au mal ; elle s'accommode avant tout d'illusions et de « mensonges conventionnels ; c'est là l'esprit dominant « de l'époque. En dépit de certaines apparences et de « certaines démonstrations, aucune doctrine n'est plus « prise au sérieux, et le clergé n'est pas le dernier à ac- « cepter cet état de choses. Celui qui dit la vérité nette « est un impertinent, un mal appris ; l'homme résolu qui

« frappe juste, qui met à nu la racine du mal est un « Erostrate. Point de caractère, voilà la qualité indispen- « sable pour ne pas scandaliser notre époque ; sauver les « apparences, voilà le dernier mot de toute question un « peu délicate. »

A cela près de la nuance due à leurs doctrines respectives, M. Serret, de l'*Univers,* juge notre époque comme le sceptique Feuerbach. « Nous discourons encore spécu- « lativement, dit-il, du juste et de l'injuste, mais l'ar- « dente passion du bien, mais les haines vigoureuses du « mal ne sont plus de notre époque, Le sens moral périt, « on a cessé d'en avoir le sentiment. Il est compris, il est « assez clairement défini, il n'est pas senti, hélas ! « L'abaissement du niveau religieux a détrempé les « âmes. La haine du mal est le maître ressort de la « moralité humaine ; les sophistes doucereux qui tra- « vaillent à l'énerver sont plus funestes à la société que « les empoisonneurs et les assassins. » On dirait que l'apostolat chrétien ne s'attache plus aux âmes pour réformer les mœurs ; qu'il borne son ambition à blanchir l'extérieur du sépulcre.

Cet esprit d'échappatoire est bien celui qui a dicté les décisions rapportées plus haut ; ceux qui les ont rendues ne peuvent croire eux-mêmes à la balance qu'ils établissent entre le *droit* et le *devoir ;* ils n'ont cherché qu'à colorer, au moyen d'une confusion spécieuse, une situation contre laquelle ils ne voulaient pas s'élever. Il est évident que toute doctrine qui concèderait un droit opposé au devoir qu'elle impose, serait une doctrine contradictoire et par conséquent une doctrine radicalement fausse, une doctrine qui prononcerait sa propre condamnation.

Que l'ordre civil concède certains droits que l'ordre moral réprouve, cela se comprend, parce qu'il s'agit de deux sphères distinctes ; il y a là un antagonisme regrettable, mais cette divergence n'implique pas une contradiction dans les principes qui régissent un même ordre : la défense et la permission simultanées. Dans l'ordre moral, type de la perfection, il n'existe pas de *droit* qui autorise à violer un *devoir*, et rien ne saurait être *valide* s'il n'est d'abord *licite*. Le droit qui permettrait de violer un devoir ne serait pas autre chose que l'abolition même de ce devoir. En faisant prévaloir la validité civile sur la nullité de conscience, les casuistes subordonnent la loi de Dieu à la loi des hommes; ils apostasient; ils passent à l'ennemi.

Le casuiste ne doit pas être un romancier, il ne doit pas rêver un monde chimérique où tout serait beau dans le cœur humain ; mais, sans sortir du positif et du vrai, il reste encore, en dehors des obligations codifiées, un vaste terrain qui, pour être interdit au jurisconsulte, n'en sert pas moins de rendez-vous commun aux honnêtes gens de toutes provenances, un terrain où ils s'accordent à reconnaître qu'il existe des devoirs moraux aussi impérieux que les prescriptions légales. C'est cette position supérieure, cette forteresse inexpugnable de la conscience universelle que les casuistes devraient s'efforcer d'occuper tout entière ; en resserrant leurs lignes de défense en deçà des limites du plateau moral, ils ne se fortifient pas ; ils laissent prendre pied à côté d'eux, sur les mêmes hauteurs, à des doctrines qui les combattent avec un égal avantage d'élévation et qui se partagent avec eux l'empire des âmes nobles. Il faut que les préoccupations matérielles les rendent bien aveugles pour qu'ils ne voient pas quel ascendant irrésistible acquerrait toute doctrine dont on pourrait dire : en elle tout est bien, hors d'elle rien ne lui est comparable dans aucune de ses parties. Le docteur Doellinger a dit avec une grande vérité : *Le temporel est le talon d'Achille de l'Église;* l'intérêt de ses établissements l'empêche trop souvent de sacrifier la chair à l'esprit.

Venant à la rescousse, un docteur en théologie a prétendu justifier les conclusions doctrinales des casuistes rapportées plus haut; il s'attachait, disait-il, au point de vue purement rationnel et faisait abstraction de toute considération relative au devoir filial et fraternel ; et, admettant que le légataire était un étranger, il argumentait de la manière suivante dans sa thèse simplifiée :

« Mme G. est très-coupable d'avoir agi comme elle l'a « fait vis-à-vis de l'honneur et de la délicatesse, mais « ces deux sentiments sont plus exigeants que le droit « strict. On est obligé d'être juste, rien ne force à être « délicat. On n'a point à s'occuper des questions d'hon- « neur ou de délicatesse au tribunal de la Pénitence.

« Promesse de donner oblige le promettant à donner, « mais promesse de donner ne vaut pas donation, et par « conséquent n'atteint pas les héritiers, légataires ou « ayant cause. Ce principe est incontestable ; en tous « temps, en tous lieux, il a été admis, tant dans le for « intérieur que dans le for extérieur ; il sauve com- « plètement Mme G. de toute obligation de rapport à la « succession. Le prêtre qui, par un refus d'absolution, « exigerait de Mme G. ce rapport, se rendrait gravement « coupable. »

On reconnaît ici la crudité réaliste du légiste ; on y cherche vainement l'onctueuse droiture de l'Évangile. La lèpre de la casuistique est encore aujourd'hui ce qu'elle était il y a deux siècles ; l'indignation de Pascal n'a pas réussi à l'extirper. Nous en sommes toujours à cette décision de Molina et de Lessius rapportée dans la VIIIe *Provinciale :* « On n'est pas obligé en conscience « de rendre les biens qu'un autre nous aurait donnés « pour en frustrer ses créanciers, attendu que l'ordre de « la charité n'exige pas qu'on se prive d'un profit pour « sauver par là son prochain d'une perte pareille. »

Le bon sens naturel et l'honnêteté élémentaire disent que, pour être valable, toute donation doit être acceptée, d'où il suit que le donateur et le donataire concourent l'un et l'autre à la perfection de l'acte de transmission de la propriété ; que celui qui reçoit assume la responsabilité de cet acte comme celui qui donne, et cela dans une proportion qui, pour être réduite autant qu'on le voudra, n'en reste pas moins réelle. Avant d'accepter, tout donataire honnête doit donc se mettre en esprit à la place du donateur et se demander : aurais-je pu faire en conscience ce qu'il a fait pour moi ?

Quant à l'argument : *promesse de donner ne vaut pas donation et n'atteint pas les héritiers ou légataires,* il ne s'applique qu'aux donations proprement dites, aux libéralités à titre gratuit qui, sans un motif grave, troubleraient l'ordre naturel des successions. C'est ainsi qu'on voit toutes les donations pieuses du moyen-âge confirmées par les héritiers du donateur. Si la donation a pour objet de payer un service réel, d'acquitter une dette quelconque, elle n'est plus un don bénévole, elle solde une obligation. En ce cas, la promesse acceptée constitue un engagement synallagmatique, un pacte bi-latéral, un véritable contrat qui lie les héritiers ou légataires aussi étroitement qu'il liait le donateur lui-même.

Dans l'espèce qui nous occupe, la promesse faite par la mère était une condition du mariage de sa fille aînée; le mariage s'est réalisé sous la foi de cette promesse, donc l'obligation corrélative est devenue parfaite : le pacte a été scellé par les épousailles. Il ne s'agissait d'ailleurs ici en aucune façon d'une promesse de *donation;* Mme B. ne créait pas un droit nouveau en faveur de sa fille aînée; elle ne faisait que corroborer un droit naturel préexistant; elle affirmait ce droit, le cautionnait, le garantissait contre une spoliation possible. M. Gilbert dit (*codes annotés de Sirey,* sur l'art. 1082, N° 13) : « *la promesse* d'égalité ou assurance de part « héréditaire faite par contrat de mariage à un enfant « par ses père et mère, est une véritable institution con- « tractuelle qui prive les instituants du droit de disposer « à titre gratuit au préjudice de cet enfant et même de « grever de substitution sa part héréditaire. » A l'appui de cette doctrine, il cite les décisions de quantité de jurisconsultes et nombre d'arrêts qui l'on jugé ainsi. Toutes ces autorités reconnaissent donc que, dans l'espèce, promesse de donner vaut donation vis-à-vis des héritiers; pour que la promesse ait son effet, elles ne demandent qu'une chose, c'est qu'elle ait été faite en la forme voulue par la loi. En définitive, ce que le docteur en théologie invoque ici, pour décharger la conscience de Mme G. n'est pas une nullité de fonds, mais un simple défaut de forme : dans un pareil ordre d'idées, c'est à son avoué qu'il devrait l'adresser pour obtenir l'absolution.

La distinction invoquée dès le début par les casuistes entre la justice *distributive* ou proportionnelle, qui n'obligerait pas, et la justice *commutative* ou corrective, qui seule aurait un caractère impératif, n'est au fond qu'une subtilité scolastique propre à égarer la droiture. L'inutilité et l'inexactitude de cette division ont été démontrées depuis longtemps par Grotius et d'autres auteurs. La justice est une, comme le devoir est un. Toute justice découle d'un commandement unique : *ne fais pas à autrui ce que tu ne voudrais pas qui te fût fait à toi-même.*

Sans doute, la justice commutative, qui oblige à réparer d'une manière absolue un tort déterminé, est la plus manifeste et la mieux circonscrite, et c'est là ce qui la fait paraître plus impérieuse. Pour être moins éclatante, plus complexe et d'une application autrement délicate, la justice proportionnelle n'en reste pas moins obligatoire dans les limites du discernement de chacun, parce que cette justice est aussi elle une conséquence rigoureuse du précepte général. Ce que l'on peut concéder en ce genre, c'est que le devoir a été rempli quand on a fait sincèrement tout ce que l'on a estimé être équitable. Dans le gouvernement de la famille, comme dans le gouvernement des États, les infractions évidentes à la justice distributive ne se pardonnent pas ; elles sont une des causes les plus ordinaires de révolte contre l'autorité qui abuse de son pouvoir en blessant un sentiment naturel. Tout l'esprit de l'Évangile, tout ce que le christianisme a apporté de nouveau dans le monde moral, consiste précisément dans l'obligation d'observer la justice distributive ; c'est en ce devoir que se résume la loi nouvelle ; c'est par ce principe qu'elle a renouvelé les sociétés. Saint Paul dit, dans son *Épitre aux Hébreux,* chap. VII : « La première « loi a été abolie parce qu'elle ne conduit personne « à une parfaite justice. » Cette parole se rapporte à l'*Évangile de saint Mathieu*, chap. V, où on lit : « Je vous dis que si votre justice n'est plus pleine « et plus parfaite que celle des docteurs de la loi et « des Pharisiens, vous n'entrerez point dans le royaume « du ciel. »

La division de la justice en *intérieure* et *extérieure* est, dit Toullier, la seule exacte, la seule claire, la seule utile. La plupart des cas de justice distributive tombent dans le domaine de la justice intérieure qui, par sa nature, échappe à la réglementation de la loi civile. Cette justice intérieure est celle qui fait particulièrement l'objet de la religion ; prétendre qu'on peut l'enfreindre impunément, c'est nier la clairvoyance de Dieu, ou bien dire qu'il ne s'occupe pas des choses cachées aux yeux des hommes ; c'est réduire la compétence du tribunal de la Pénitence aux faits extérieurs, comme celle des tribunaux civils.

Entre la *charité*, qui est le dévouement gratuit, l'abnégation, l'amour en un mot ; et la justice *commutative*, qu'on ne peut méconnaître sans révolter les esprits les plus superficiels et les moins attentifs, il n'existe pas un abîme insondable ; la transition est comblée par la *délicatesse*. La délicatesse est encore un devoir, car saint Paul dit : « Abstenez-vous de tout ce qui a quelque apparence du mal. » Et on lit dans l'*Apocal.* (III, 16)

« Parce que tu es tiède, et que tu n'es ni froid ni bouil-
« lant, je te vomirai de ma bouche. » Celui qui observe la délicatesse ne le fait pas en vue du précepte chrétien de la charité ; il obéit à la voix de la justice intérieure : c'est sa conscience et non son cœur qui parle ; il ne donne pas au-delà de ce qu'il croit devoir, mais il ne veut rien garder de ce qui ne lui appartient pas. La délicatesse veut toute la justice jusqu'au scrupule, mais elle ne veut que la justice. S'il est déjà étrange de voir un spiritualiste par sa charge aussi peu soucieux de la dignité des âmes, un ministre de l'Évangile décliner l'obligation de la charité en invoquant le *Summum jus*, il devient scandaleux de le voir mettre à néant le devoir bien plus étroit de la délicatesse qui ne sort pas des limites de la stricte équité.

Si l'on pouvait recevoir sans examen toute donation à titre gratuit, il n'existerait pas de succession illégitime ; le Pape n'aurait plus rien à réclamer à l'héritier de Victor-Emmanuel, son droit se serait éteint par la mort du spoliateur. *A fortiori*, les acquéreurs directs de biens confisqués sur l'Église possèderaient en toute sûreté de conscience. Si les casuistes ne concèdent pas ces deux points, conséquences rigoureuses de leurs principes, c'est qu'ils ont des règles particulières *pro domo sua*.

Leur doctrine mène plus loin encore. Fondé sur elle, Victor-Emmanuel lui-même pourrait répondre, en empruntant leurs distinctions : comme catholique, j'avais, il est vrai, le devoir de respecter le domaine du pape, mon père spirituel : c'était une obligation d'honneur chevaleresque, de délicatesse timorée, de générosité filiale ; mais ce n'était là qu'un devoir de justice relative et non un devoir de justice absolue, de justice commutative qui oblige à restituer sans considération des personnes et des circonstances. En effet, j'avais, d'un autre côté, comme souverain temporel, le droit d'envahir les états de mon voisin Pie IX. De roi à roi, la conquête a toujours été considérée comme un titre de possesion légitime : Dieu donne les couronnes à qui il lui plaît. L'histoire est remplie de conquêtes et d'usurpations d'états sanctionnées par les Papes ; les annexions voisines que j'ai faites sur d'autres princes aussi faibles et aussi inoffensifs ne m'attirent aucun anathème formel ; si ces annexions servaient l'Église, on leur donnerait peut-être des louanges, comme le Pape saint Grégoire-le-Grand en en adressait à l'abominable Phocas ; et l'on étoufferait la voix de tout nouveau Joseph de Maistre qui s'indignerait de voir sacrer l'intrus à la couronne.

Le droit de conquête n'est pas scrupuleux sur les moyens ; les surprises, l'abus de la force ne le vicient pas ; tout au plus le droit des gens demande-t-il que le fait accompli soit validé par un traité signé plus ou moins librement. Ici, le décor ne fait pas défaut ; le Pape s'est résigné au partage de sa dette d'Etat ; en morale diplomatique, il a ratifié les annexions. Il faut avouer que la morale préconisée par les théologiens contribue singulièrement à faire accepter ces énormités ; on ne compose pas impunément avec les principes : *sic vos, sic vobis. Patere legem quam ipse tulisti.*

III

On est péniblement impressionné chaque fois qu'on rencontre une intelligence brillante et cultivée dépourvue de tout sens moral ; car l'élévation de l'âme est la boussole de la vie humaine. Cependant, on ne se décourage pas en présence d'une exception individuelle. De tous temps, on a vu des violations du droit et du devoir, mais les fautes sont personnelles et ne sont pas des règles. Ce qui entraîne de plus graves conséquences, c'est le renversement doctrinal du droit et du devoir ; c'est la corruption intellectuelle des principes ; et le mal est à son comble, quand ce sont précisement les gardiens officiels de la pureté des principes qui en troublent la limpidité et usent de l'autorité de leur caractère pour égarer la rectitude du jugement naturel. C'est l'instituteur dépravant l'intelligence qu'il a mission de former.

« Il y a une différence énorme, dit le prince Albert de « Broglie, entre des infractions, mêmes fréquentes, à une « morale reconnue et l'introduction d'une morale nouvelle « qui légitime le péché et met le pécheur en sûreté de « conscience. Les mauvaises actions, comme les mauvaises « herbes, croissent sur tous les terrains du monde, mais « les mauvais principes sont des pépinières qui les fécon- « dent et les multiplient. »

Le devoir d'un directeur de conscience n'est-il donc pas de réprimer les ambitions surexitées, les convoitises de l'égoïsme qui tendent à désunir les hommes ; de raffermir dans les cœurs ces forces morales qui sont le ciment éternel et la base indestructible des liens sociaux ; d'exciter à tout ce qui est bon, droit et juste, aux idées nobles et généreuses ; de flétrir les distinctions entre la grande et la petite morale ; de proclamer hautement cette vérité éternelle : qu'*il n'y a pas de droit contre le droit* ; axiome inviolable, lumière de la vie publique comme de la vie privée. *Excelsior ! Excelsior !* Voilà ce que M. Allou, l'avocat, exige des simples conseillers du for extérieur.

Quel triste spectacle nous présentent les décisions que nous avons rapportées ; il semble voir le praticien retors qui excelle à s'avancer dans l'escroquerie jusqu'à l'extrême limite, passé laquelle on rencontre les articles du code pénal. C'est le conseiller débilitant et fallacieux qui dispute la limite où commence l'infamie ; qui se redresse, distingue et argumente alors qu'il n'y aurait qu'a courber la tête sous l'humiliation de la honte. Et ce conseiller calculateur se donne comme l'interprêtre de la *loi d'amour !* Oh ! mille fois mieux vaudrait laisser à chacun la responsabilité complète de ses actes, que d'intervenir au nom de Dieu pour fixer les degrés dans la criminalité, que de décharger les consciences sur un endormeur qui professe les doctrines énervantes du probabilisme. Mille fois mieux vaudrait s'en tenir à la règle païenne posée par Cicéron : « Dans le doute si une action est juste ou inique, abstiens-« toi ; l'équité brille par son propre éclat, le doute décèle « l'injustice. »

Ce que proclament ici les casuistes, c'est le mépris de ce droit élémentaire que l'honneur et le bon sens public ont appelé la foi des engagements. Ils rougiraient encore de conseiller à l'auteur direct de manquer à sa parole, mais ils réclament pour la fille la faculté de ne pas faire honneur à la signature de sa mère. Une solution de continuité dans l'individu leur semble suffisante pour justifier la rupture d'un engagement réel, pour combler la transition entre la foi donnée et la foi retirée, entre le serment et le parjure. L'échéance d'une succession devient une sommation d'huissier par laquelle la fille fait savoir à qui de droit son intention de se mettre en faillite elle-même et de ne pas payer les dettes de sa mère. Il n'en faut pas davantage pour qu'une promesse dont Dieu, l'honneur et la conscience ont été pris à témoin l'année passée puisse être foulé aux pieds l'année suivante.

Il faut pourtant s'expliquer, et qu'on sache si ceux qui se font les organes de la morale catholique ont décidé dans leur sagesse de rayer l'honneur et la bonne foi du nombre des devoirs de l'humanité. S'il en est ainsi, autant dire sans plus de façon que ce régime est le régime de la déloyauté systématique et de la perfidie en permanence.

La science des casuistes, disait M. Lefèvre, précepteur de Louis XIII, est l'*art de chicaner avec Dieu*. Cette science a pour auteur Caïn quand il répondit à Dieu : m'aviez-vous donné mon frère en garde ?

Pascal disait il y a deux siècles (Ve *Provinciale*) :

« C'est par une conduite *obligeante* et *accommodante* « que les casuistes tendent les bras à tout le monde. S'il « se présente à eux quelqu'un qui soit tout résolu à ren- « dre des biens mal acquis, ne craignez pas qu'ils l'en « détournent : ils loueront au contraire et confirmeront « une si sainte résolution. Mais qu'il en vienne un autre « qui veuille avoir l'absolution sans restituer, la chose

« sera bien difficile s'ils n'en fournissent des moyens dont « ils se rendent les garants. »

C'est ainsi que Boileau a pu dire :

Notre docteur bientôt va lever tous ses doutes,
Du paradis pour elle il aplanit les routes,
Et croit pouvoir au ciel, par ses folles maximes,
Avec le sacrement faire entrer tous les crimes.
. . . .
Bientôt se parjurer cessa d'être un parjure.
Etc.

Faut-il voir là une simple défaillance couverte du manteau de la charité : un manque d'énergie pour stigmatiser le mal ? Faut-il y voir un calcul pour ne pas se heurter contre les répugnances à la restitution, pour conserver à tout prix le nombre des brebis soumises sans regarder à la qualité du troupeau ; c'est-à-dire pour sauver avant tout l'etablissement extérieur ?

Dans un cas comme dans l'autre, on ne comprend pas la foi appliquant la loi divine avec mollesse ou transigeant avec ses prescriptions. On ne comprend pas une ombre de pasteur prêchant une ombre de devoir à une ombre de troupeau.

« J'ai connu, lorsque j'étudiais à Port-Royal, dit « Sainte-Beuve, dans sa notice sur Talleyrand, les actes « sincères du vieux Christianisme : des confesseurs et di« recteurs de conscience qui, au chevet d'anciens minis« tres prévaricateurs et repentants, exigeaient une réelle « et effective pénitence, une pénitence de bon aloi, la res« titution des sommes mal acquises, une réparation en « beaux deniers comptants à ceux à qui l'on avait fait « tort. Ces hommes là étaient ce que l'on appelle des

« jansénistes, des prêtres de vieille roche : on les renie,
« on les conspue aujourd'hui. Ah ! il eût fait beau voir un
« prêtre venir demander à Talleyrand expirant de rendre
« tout le bien mal acquis, comme on disait autrefois ;
« c'est pour le coup que tout le monde n'eût point ap-
« plaudi et n'eût pas été content, que la famille n'y eût
« pas poussé avec un si beau zèle. »

La distinction que fait Sainte-Beuve entre le vieux Christianisme et la doctrine toute moderne qu'on nous présente sous le même nom, est si juste qu'elle est confirmée par une des lumières de l'épiscopat français. Mgr Dechamps, archevêque de Malines, rapporte dans sa quatrième lettre au P. Gratry, que Mgr Parisis lui disait en 1846 : « Saint Alphonse de Liguori est l'écrivain qui « a le plus contribué à nous délivrer de deux grands « maux : *le rigorisme* et *le gallicanisme.* » Ce fut en effet vers 1826, au milieu de l'impulsion ultramontaine donnée par l'abbé de la Mennais, que la théologie de saint Liguori fut adoptée comme base de l'enseignement à Saint-Sulpice et, par suite, dans tous les séminaires de France qui tirent leurs professeurs de cette grande école. Les libertés gallicanes, flétries du nom de servitudes civiles, entraînèrent dans leur réprobation le rigorisme gallican.

Les théologiens de la vieille école avaient vu tout d'abord dans le système de saint Liguori une tendance dangereuse à favoriser le relâchement ; on leur objecta que la vie exemplaire de l'auteur plaidait en faveur de sa doctrine, comme si Escobar n'avait pas été sévère pour lui-même, comme si le monde politique n'était pas rempli de gens qui valent mieux que leurs théories. Cette étrange argumentation ne laissa pas que de prévaloir peu à peu dans le jeune clergé qui redoutait par-dessus tout le venin gallican. La justice exacte, la probité stricte, ne furent plus que les scrupules d'esprits étroits, incapables de s'élever à la hauteur des intérêts généraux et supérieurs de l'Église, de la raison d'État ; on mit au rebut les vieilles et saines maximes de droiture et de loyauté, on leur substitua les prestiges des acrobates de la morale. C'est sur cette base que s'est constituée la nouvelle école qui proscrit le rigorisme, et qui donne la mesure exacte de sa valeur intrinsèque en arborant d'elle-même le nom significatif de *parti* catholique.

Le *rigorisme* qu'on a banni consistait à respecter jusque dans ses derniers rameaux naturels l'arbre de la loi, cet arbre de la science du bien et du mal, auquel nul ne doit toucher et surtout dont aucun homme ne peut rien détacher à cause de sa haute origine et de sa dignité transcendante. On se délivre du rigorisme, on simplifie la morale, en tondant l'arbre, en l'ébranchant, en arrêtant le cours de sa sève par un obturateur sophistique ; réduit à l'état de soliveau, on peut le tourner de plus près sans s'y accrocher la conscience. S'il est permis aux conservateurs de la morale d'attenter à l'intégrité de l'arbre mystique, de diriger ses pousses spontanées, de le mutiler, pourquoi n'abattrait-on pas tout-à-fait cet obstacle incommode ? Une fois à terre, on ne s'y heurterait plus. C'est là ce qu'ont fait Proudhon et Considérant ; pour délivrer la société du vol et de l'adultère, ils ont supprimé la propriété et le mariage. Mais la société est encore ainsi faite qu'elle n'accorde son estime et sa considération qu'à ceux qui respectent la morale naturelle, non-seulement dans ses principes fondamentaux, mais encore dans tous leurs appendices et leurs libres développements.

C'est à partir de 1826 que commença à s'épanouir dans nos divers séminaires la morale large, facile et façonnée artificiellement pour les besoins d'une cause, la morale en espalier ; morale qui jusque là n'avait guère fleuri que dans la société cosmopolite où Pascal l'a combattue. C'est depuis lors qu'elle s'est infiltrée dans la masse du clergé qui, peu à peu, se trouva tout imbu des maximes plus politiques qu'évangéliques de la célèbre compagnie ; maximes qu'on peut résumer ainsi : Le *Compelle intrare* n'est plus de notre temps ; il faut user de moyens appropriés à la situation : appeler tout le monde, en présentant une doctrine qui se prête à tous les tempéraments, et retenir tous ceux qui sont venus par l'élasticité du commentaire. En deux mots, ne point effaroucher et ne heurter personne.

Dieu s'inquiète peu sans doute que ses temples soient plus ou moins remplis si les cœurs n'y sont pas. Le prosélytisme d'apparat n'a rien que de temporel ; c'est se servir de la loi et non pas servir la loi. N'est-ce pas faire du matérialisme que de dire : la foule va où est la foule, comme les eaux vont où sont les eaux ; contentons-nous de demander à cette foule de répéter un mot d'ordre, une formule, sans en exiger les conséquences : Si la montagne refuse de venir à nous, allons à la montagne. L'essentiel est d'établir un courant, une mode ; les meilleurs arguments ne valent pas l'entraînement de l'exemple ; l'imitation court comme l'incendie. Les caractères les plus indépendants se sentent bientôt gênés, ridicules à eux-mêmes, s'ils ne font pas comme tout le monde fait autour d'eux. Ils ne tardent pas à comprendre que la raison pratique consiste à se mettre à l'unisson du milieu ambiant ; que c'est ce fourvoyer dans une lutte inégale que de heurter les usages et les opinions de nombreux voisins avec lesquels on est en relations obligées et journalières ; que la condition de sociabilité est telle qu'il vaut mieux se tromper avec ses amis que d'avoir raison tout seul. Il peut être fier de dire : *Et etiam si omnes, ego non*, mais cela n'est pas pratique.

Quand on sert avec conviction la loi, on s'inspire de l'esprit qui l'anime, on juge avec la franchise du cœur et non avec la subtilité de la chicane, comme le remarque M. Serret sur la manière de rendre la justice civile. « La « mission du magistrat, dit-il, est d'appliquer la loi ; « l'art d'une certaine variété de légistes est de la rendre « inefficace et de l'éluder. La pensée de la loi est parfai- « tement limpide, ce qu'elle a voulu tombe sous le sens « et se trouve clairement indiqué par la raison d'être « dont elle procède et par le but connu où elle tend. Le « légiste retors tient la loi en échec, en paralyse l'appli- « cation, en rend illusoire l'action protectrice. L'artiste « ès-lois est l'adversaire de la loi dont le vrai magistrat « est l'organe. Cet artiste l'a étudiée principalement en « vue de lui faire la guerre, comme on étudie le terrain « d'un pays ennemi ; c'est là l'industrie des légistes, « mais ce genre d'habileté inspire à tous les honnêtes « gens une répugnance profonde. »

Et ailleurs, le même M. Serret dit encore : « Le vrai, « le primitif droit coutumier n'avait pas un caractère « scientifique : ses règles se formulaient en adages popu- « laires. Ce droit simple, proverbial, connu de tous, ne

« requérait point l'office des légistes ; l'appliquer était « simplement une affaire de bon sens et de conscience, « et l'application en était abandonnée au jury, tant en ma- « tière civile qu'en matière criminelle. En nous donnant « sa loi et la lumière de la conscience, Dieu a fait chacun « de nous juge de lui-même et juge de ses concitoyens.

« Le juge revêtu d'un caractère officiel et public, le « juge fonctionnaire est inconnu au moyen-âge. La cou- « tume, droit notoire et populaire, s'accommodait du ju- « gement par pairs ou jurés. Le droit romain, droit scien- « tifique, raffiné, subtil, semé d'embûches, appelait, par « la force des choses, l'office du juge légiste. Le droit ro- « main pervertit les mœurs judiciaires. Ce droit est dou- « ble ; c'est un composé de deux systèmes perpétuelle- « ment en contradiction : la loi civile et l'édit du Préteur. « Toute l'industrie du droit prétorien est d'éluder, de « tourner éternellement les règles du droit civil, tout en « professant pour la règle antique une déférence et des « respects dérisoires. Le droit romain pivote sur ce men- « songe sans fin, sur une hypocrisie, sur une duplicité, « sur une perfidie perpétuelles. Il ne pouvait entrer dans « nos mœurs : il n'y est jamais entré, bien qu'il régisse « depuis le XVIe siècle nos intérêts et nos actes. Le triom- « phe du droit Romain à la fin du XVe siècle produisit ce « résultat désastreux de séparer violemment les mœurs « de la légalité. La coutume n'avait rien d'artificiel, « c'était la loi comme elle doit l'être, s'accommodant aux « usages et aux besoins moraux du milieu qu'elle régis- « sait. La loi romaine, loi étrangère, loi factice, renversa « ce rapport naturel. L'homme des champs, l'homme « d'épée, l'artisan et le marchand des villes devenaient

« impropres à interpréter et à appliquer ce droit tortueux « où le légiste seul savait se mouvoir avec prestesse. Nos « lois devenus romaines devinrent en même temps l'ex- « clusif patrimoine des légistes. Le droit de juger fut re- « tiré au peuple et dévolu aux légistes, classe à part, « sorte de caste en dehors des professions actives, en de- « hors de l'émanation humaine, vivant dans les fictions « d'une loi morte. »

A la suite du droit romain, s'introduisit chez nous la doctrine casuistique inconnue jusque-là ; et tout ce que dit M. Serret du droit prétorien, substitué au droit coutumier, s'applique mot à mot, et avec bien plus de vérité encore, aux subtilités des casuistes mises à la place de la droiture de la conscience et de la simplicité de la loi évangélique. Les excès des casuistes ont laissé bien loin derrière eux les surprises du droit bysantin.

Il est clair que la théorie des casuistes et l'application qu'ils en font dans la pratique sont l'une et l'autre, non la conséquence, mais bien l'abus et la dépravation de la loi, et qu'on peut les repousser avec une pleine indignation sans faire injure à la loi elle-même ; qu'on rend hommage à la loi divine ; qu'on remplit un devoir en flétrissant un enseignement perfide distribué au nom de Dieu : un enseignement aussi dangereux pour la société que le matérialisme même, car il ne laisse rien subsister de la responsabilité individuelle. Il est clair que les casuistes modernes font précisément ce que J.-C. reprochait aux Scribes et aux Pharisiens de son temps.

C'est ainsi que le P. Hyacinthe a pu dire avec vérité dans sa fameuse lettre du 20 septembre 1869 : « Je proteste « contre cette opposition radicale et effrayante avec la na-

« ture humaine, atteinte et révoltée par ces faux docteurs « dans ses aspirations les plus indestructibles et les plus « saintes. Je proteste par dessus tout contre la perversion « sacrilége de l'Évangile du Fils de Dieu lui-même dont « l'esprit et la lettre sont également foulés aux pieds par « le pharisaïsme de la loi nouvelle. Ma conviction la « plus profonde est que si la France en particulier, et les « races latines en général, sont livrées à l'anarchie so- « ciale, morale et religieuse, la cause principale en est, « non pas sans doute dans le catholicisme lui-même, mais « dans la manière dont le catholicisme est depuis long- « temps compris et pratiqué. »

Ce n'est pas par des subtilités que les apôtres ont subjugué les nations dégradées dans le paganisme ; c'est en réveillant et en développant en elles le germe de la morale naturelle qui y était atrophié ; c'est en saisissant les esprits droits et généreux par la pureté et l'élévation de la morale évangélique ; c'est en touchant le ressort souverain et éternel des cœurs qu'ils ont entraîné les masses à leur suite.

« Le Christianisme, dit M. Troplong, a proclamé « non pas seulement la parenté, mais bien la fraternité et « la solidarité universelles : il a assis sur cette base sa « morale affectueuse de charité, d'égalité, et sa pratique « infatigable d'abnégation, de sacrifices, d'assistance « désintéressée d'autrui. Ainsi donc, tandis que la philo- « sophie païenne articulait dans les sommités intellectuel- « les les rudiments fragmentés du perfectionnement hu- « main, le christianisme en apportait aux nations les « principes complètement développés et l'immédiate ap- « plication dans tous les rangs de la société. Rien que

« son courage à entreprendre aurait suffi pour qu'il pût « s'annoncer comme une sagesse nouvelle distincte de la « philosophie païenne. »

Les intérêts matériels, si puissants sur l'individu isolé, ne sont pas ceux qui émeuvent profondément les masses : l'égoïsme n'est pas collectif. Ce qu'on a nommé l'égoïsme des partis est plutôt la foi exclusive des partis dans la justice de leur cause. Lamennais a dit avec raison : « il « n'y a de société qu'entre les intelligences ; la société ne « subsiste que sur les points et dans les limites où s'ac- « complit l'union des intelligences ; la société intellec- « tuelle est la seule société, l'élément nécessaire, le fond « de toutes les associations extérieures et apparentes. » C'est le sentiment du vrai, l'idéal du bien absolu, que ce sentiment soit d'ailleurs bien ou mal dirigé, qui frappe toute une multitude comme une étincelle électrique, qui la domine au point de disposer chacune de ses individualités à sacrifier sa personnalité, à se dévouer au triomphe de l'idée. Toutes les grandes commotions sociales ont eu pour mobile le fanatisme d'une idée abstraite, une passion violente. La puissance de ce ressort est la preuve la plus palpable qu'on puisse rencontrer de la spiritualité de l'âme. Si ce sont en effet les idées qui mènent le monde, ceux qui prétendent à la direction des sociétés font fausse route chaque fois qu'ils troublent la limpidité du principe inné de la justice au profit d'un intérêt matériel particulier ; ils compromettent leur autorité ; ils abdiquent une haute et noble ambition.

Le pouvoir de lier et de délier qui leur a été donné, n'est pas le pouvoir de décider de ce qui est bien et de ce qui est mal ; le pouvoir de façonner les consciences à nouveau. La rémission de la peine encourue par le péché n'ôte pas au péché son caractère criminel, ne dispense pas de la satisfaction. S'il suffisait, pour être absous, de s'accuser sans réparer, la confession cesserait d'être un acte sérieux et moral. En présence de la qualification de l'acte, les casuistes sont arrêtés par un *non possumus* absolu : un acte est juste ou il ne l'est pas. Les règles de la morale, qui distinguent entre le juste et l'injuste, sont à prendre ou à laisser : *Sint ut sunt, aut non sint.* Si les casuistes ne s'inspirent pas de la fière réponse du général des jésuites, on est en droit de leur reprocher d'avoir moins de respect pour la loi de Dieu que le chef de la compagnie de Jésus n'en a montré pour les statuts de son ordre. La morale n'est rien si elle n'est tout : le devoir est absolu, et c'est le méconnaître que de le subordonner à quoi que ce soit. Dire que les casuistes peuvent diverger d'opinion sur le devoir dans les circonstances les plus communes de la vie, c'est nier l'unité de la loi catholique ou bien accuser l'Église d'une coupable incurie en ne fixant pas la règle.

IV.

Les sophismes des casuistes ne sauraient balancer l'autorité du catéchisme, d'accord avec la loi naturelle fondée sur l'essence des choses et sur la distinction radicale du bien et du mal ; loi éternelle, immuable, souveraine, à l'empire de laquelle nul n'est libre de se soustraire ; loi qui est promulguée dans le cœur de chacun par *la lumière qui éclaire tout homme venant dans le monde ;* en sorte que, pour se prononcer sur une question de morale, il suffit de se recueillir et d'écouter l'arrêt de la voix intérieure.

Saint Thomas d'Aquin déclare qu'*on est obligé d'observer les lois du droit naturel avant toutes les autres ;* c'est pourquoi Rousseau a pu dire avec raison : *le plus sûr de tous les casuistes est la conscience d'un homme de bien.* On pourrait ajouter : et d'un homme de cœur, si le bien pouvait être séparé du cœur qui vit le dernier dans ce qui est bien. *Primum saliens et ultimum vivens.*

« Si l'on sépare entièrement la justice de la charité, « dit l'abbé Flottes, on court risque de ne pas remplir « l'exacte mesure du devoir. Il faut sentir pour être par- « faitement juste. Sans cette faculté, l'exercice de la « justice n'est qu'un calcul sans charme, *sujet à des « erreurs qui sont souvent de nature à compromettre la « probité.* » C'est la même pensée qu'a exprimé Vinet en disant : « Il y a tant de choses dont on ne peut juger « qu'avec le cœur que, le cœur venant à manquer, il faut « de toute nécessité que la raison déraisonne, »

L'intelligence éclaire, mais c'est le cœur qui décide ; souvent on a vu la candeur d'un enfant découvrir la vérité qui avait échappé au docteur. « L'intelligence la plus « philosophique, dit Mgr Dupanloup, n'est trop souvent « qu'un de ces soleils d'hiver qui peuvent éblouir mais « n'échauffent pas. C'est le cœur qui échauffe : c'est le « cœur qui décide les sacrifices, toutes les choses grandes, « tous les dévouements, toutes les fécondités. Si la raison « parle seule, bien qu'elle ait tout dit, rien n'est fait en- « core si le cœur se tait. C'est par le cœur, par l'amour, « cette puissance supérieure que l'homme devient noble, « délicat, sublime. C'est du cœur que jaillissent les pen- « sées bonnes, sages et pures ; et puis, quand il le faut, « les intuitions, les illuminations soudaines, car le cœur

« a des splendeurs, des révélations inattendues. Le ca-
« ractère n'est pas autre chose que la fermeté, la noblesse
« et l'élévation du cœur. Dieu ne nous demande pas d'être
« des gens d'esprit, de grandes intelligences, mais il nous
« demande d'être des hommes de cœur ; aussi la plus san-
« glante injure qu'on puisse faire à quelqu'un, c'est de lui
« dire qu'il est sans cœur. » *(Préface de la vie de N. S. J. C.)*

Il est facile de s'égarer en suivant en aveugle le fil trompeur d'une logique incertaine. Le syllogisme n'a pas la certitude absolue des procédés de l'algèbre. Dans les mathématiques mêmes, la science des déductions rigoureuses par excellence, les erreurs du raisonnement ne sont pas absolument rares. L'Académie des sciences de Paris en a donné un exemple fameux, au sujet de la figure de la terre, en se trompant en masse sur une simple conclusion de géométrie élémentaire ; et Laplace, notre plus illustre géomètre, déclare humblement, dans sa *mécanique céleste,* qu'on ne peut être assuré de la vérité des résultats auxquels il est arrivé par ses formules qu'après les avoir vérifiés par l'expérience. Comment de bonnes têtes ne se perdraient-elles pas dans la casuistique, où les choses n'ont rien de tangible et de matériel. Aristote avait déjà remarqué, dans sa *Politique,* que la prétention d'introduire les formes géométriques dans les raisonnements moraux est la source des erreurs les plus grossières.

Serait-ce trop exiger de la modestie des casuistes que de leur demander l'abandon de leurs conclusions scolastiques quand le cœur les repousse ? Si la formule du géomètre s'incline devant le fait qui la contredit, la logique du casuiste peut bien céder le pas à la conscience qui proteste : tous les deux sont souverains, chacun dans leur ordre.

C'est que, pour résoudre une question avec certitude, il ne suffit pas de raisonner juste, ce qui est déjà difficile ; il faut encore, et c'est là le point délicat, être assuré de n'avoir négligé aucun des éléments dont elle se compose, et d'avoir attribué à chacun d'eux sa valeur intrinsèque et relative : toutes ces conditions réunies sont nécessaires pour obtenir une solution exacte. Dans la pratique, les questions morales ne se présentent jamais dans l'état de simplicité abstraite ; elles sont toujours compliquées de considérations accessoires importantes et souvent décisives, que la conscience seule a le tact d'introduire dans l'équation avec le coëfficient qui leur convient. Les casuistes de profession sont des raisonneurs ; ils dédaignent l'admirable creuset au fond duquel l'esprit le plus simple et le moins cultivé trouve immédiatement et sans incertitude, pourvu seulement qu'il soit droit, la solution cherchée pure de toute amalgame ; la règle de sa conduite : *le devoir*.

Les élucubrations des alchimistes de la doctrine constituent une science pleine de dangers ; une science qui est si malheureuse dans ses résultats, qui est si éloignée de la pureté évangélique; qui déprave si bien l'honnêteté naturelle, que tous les gens qui ont pratiqué les affaires sont unanimes pour dire *qu'il vaut mieux traiter avec un homme d'honneur qu'avec un dévot.*

D'où vient cette préférence, sinon de ce que l'homme d'honneur suit la simple impulsion de sa conscience, tandis que le dévot obéit à un directeur qui se porte fort pour lui, et se décharge à son tour de toute responsabilité sur des traités véreux au lieu de consulter le livre vivant. La connaissance purement spéculative des choses de la conscience peut donner lieu à des opinions plus ou moins probables, mais elle ne commande pas l'assentiment définitif de l'âme : c'est dans le cœur que naît la conviction souveraine. Le psychologiste et le casuiste ressemblent beaucoup au matérialiste qui attend le résultat de la dissection du cerveau pour dire si le devoir et la responsabilité des actes existent réellement.

De toutes les vérités, il n'en est pas qui présentent un plus haut degré de certitude que celles qui sont manifestées par le sentiment. Les sciences dites exactes ne méritent ce nom que par la rigueur de leurs méthodes de déduction ; à la base de ces sciences se trouvent toujours des axiomes dont l'évidence ne peut être jugée que par intuition. Il est impossible de ne pas admettre un *postulatum*, sous le nom de définition ou autre, pour y asseoir l'échafaudage des démonstations. Contester un axiome, c'est mettre tout en question ; essayer de le démontrer c'est l'obscurcir. L'axiome doit être accepté de confiance sous la garantie du sentiment ; celui-ci n'est autre chose que l'arrêt infaillible de la lumière intérieure ; or, toutes les vérités morales étant des manifestations de cette lumière, sont par cela même de véritables axiomes indiscutables et qu'on ne saurait commenter. On ne peut nier la souveraineté de la conscience sans tomber dans le matérialisme. On ne peut pas plus invoquer l'autorité en matière de conscience qu'on ne le peut en géométrie, à moins que ce ne soit l'autorité non sujette à errer, autorité qui n'est pas celle des casuistes particuliers.

Beaucoup d'évêques, remplis de droiture et de loyauté, déplorent la doctrine malsaine que nous combattons ici, mais ils sont impuissants contre elle ; leurs répugnances personnelles ne peuvent pas même empêcher qu'elle ne soit enseignée dans leurs diocèses. Ces princes de l'Église ne sont pas toujours les maîtres chez eux; là, comme ailleurs, il existe une bureaucratie qui dispose du pouvoir réel. Si, volontiers on les salue respectueusement du nom de juges de la foi et de la morale, c'est pour la forme plutôt que pour le fond, c'est surtout affaire de courtoisie; en fait, ils règnent mais ils ne gouvernent pas : leur meilleure volonté vient échouer devant un obstacle insurmontable. L'évêque le plus actif ne saurait tout faire par lui-même; il lui faut absolument des professeurs de théologie pour ses séminaires; il n'en trouve point de capables ailleurs que dans la grande école de Saint-Sulpice. Les sujets qui en sortent savent bien qu'ils sont nécessaires, qu'ils sont trop peu nombreux relativement aux demandes; cette connaissance les rend entiers et peu disposés à modifier leur enseignement au gré d'un prélat quelconque; une remontrance sérieuse de sa part, serait suivie de la démission immédiate du professeur, assuré de trouver dès le lendemain un bon accueil ailleurs. Pour l'évêque, la question se pose entre avoir une école dans un esprit qui n'est pas complètement le sien, ou bien n'en point avoir du tout : on comprend qu'un administrateur, même fort résolu, hésite en présence de cette alternative. Le seul remède efficace est d'attaquer le mal dans sa racine, de réformer la doctrine de la congrégation centrale, ou bien de créer une école rivale, imbue de principes irréprochables et de laquelle on pourrait tirer des professeurs plus sympathiques : tout effort local et isolé échouerait fatalement, exposerait l'autorité à un échec fâcheux : voilà le secret de bien des silences qui paraissent inexplicables, qui étonnent, et qui en définitive sont sagement calculés.

LES VRAIS PRINCIPES.

Suum cuique.

I.

Toute société humaine, dit Aristote, a nécessairement pour base la justice, dont Ulpien a donné cette définition devenue classique : *justitia est constans et perpetua voluntas jus suum cuique tribuendi.*

Les associations des malfaiteurs elles-mêmes ne se maintiendraient pas si la justice n'était gardée entre les complices. Ce qui distingue la société honnête de celle qui ne l'est pas, c'est que la première observe la justice à l'égard de tous, sans acception de personnes, qu'elle s'incline devant le droit partout où elle le rencontre; tandis que l'autre restreint la justice dans le cercle de son association particulière, en dehors duquel elle ne reconnaît plus aucun droit.

C'est par la société domestique que s'inaugure la grande société humaine, dont elle est pour ainsi dire la molécule organique; c'est par les liens et les devoirs de la famille que l'homme prélude aux liens et aux devoirs du citoyen; c'est donc par le respect de la justice dans la famille qu'il faut inaugurer l'exercice de la justice dans la société. On a souvent comparé la position du père dans la famille à celle d'un roi dans ses états : l'assimilation est très-exacte. Les devoirs de ces deux magistratures sont analogues ; les pouvoirs sont également limités dans l'exercice de l'une et l'autre ; on peut ajouter, ce qui a été moins remarqué, que la constitution domestique et la constitution politique sont liées étroitement ; qu'elles réagissent l'une sur l'autre et tendent sans cesse à se mettre à l'unisson. C'est qu'en effet les gouvernements civils sont une émanation du gouvernement patriarcal ; l'origine est commune, les conditions de vie sont les mêmes de part et d'autre ; ce qui tue la famille tue l'État.

On est lié plus étroitement à l'égard de ses proches qu'on ne l'est vis-à-vis des étrangers : de même qu'on se doit à sa patrie avant de se devoir à l'humanité tout entière : l'obligation que le devoir impose s'accroît avec la proximité du sang ; elle existe même en ligne collatérale. Le repect dû par le frère au droit héréditaire de son frère ; la défense de trahir ce droit, de l'absorber à son profit ; l'obligation même de se dévouer à la conservation du droit parallèle au sien, d'agir dans l'intérêt de la maison de son frère comme on le ferait dans l'intérêt de sa propre maison, constitue un devoir strict ; devoir qui était poussé loin dans la loi des Juifs, comme on peut le voir au chapitre XXV du Deuteronome, versets 5 à 10 ; celui qui manquait au devoir fraternel était, avec toute sa race, mis au ban d'Israël. Dans la coutume primitive des Juifs, la fraude employée pour se soustraire à cette obligation était même punie de mort, comme il arriva à Onan (Genèse XXXVIII). Et il faut noter que, dans le style de l'ancien testament aussi bien que dans le nouveau, le nom de frère s'applique à tous les parents à un degré rapproché, témoins les Évangiles, où il est parlé des frères et des sœurs de Jésus-Christ. Si la loi ancienne allait jusqu'à prescrire l'inceste, pour assurer le maintien intégral de la famille, c'est qu'à ses yeux les obligations domestiques passent en première ligne. En ajoutant la charité, comme précepte nouveau, Jésus-Christ n'a pas amoindri le devoir ancien en ce qu'il a de compatible avec les mœurs.

Quand le droit du frère est menacé, le frère pèche en demeurant dans l'abstention. Pénétrées des obligations que le lien de la famille impose, nos anciennes coutumes avaient étendu le bénéfice de la réserve jusqu'aux lignes collatérales; et notre code (art. 728) reconnaît que le degré d'oncle et de neveu est trop rapproché pour qu'on puisse lui appliquer l'obligation de dénoncer les crimes.

Dans les relations avec le prochain, c'est la loi naturelle qui prime toutes les autres; car on ne peut douter qu'elle ne vienne directement de Dieu qui veut l'état de société. La conscience a été donnée à l'homme pour régler ses rapports avec ses semblables; c'est elle qui fixe les devoirs de la société, qui proclame ce qui est juste. Il n'est point de disposition civile ou de commentaire religieux qui vaille contre la droite raison. Nulle spéculation ne peut ébranler la solidité des enseignements de la conscience.

« C'est la loi éternelle, dit saint Augustin, qui est la « source et la règle de toute justice et de toute droi- « ture. » En parlant ainsi, il ne fait que copier *l'Ecclé-*

siastique (XVII, 5, 6, 9, 10), où il est écrit : « Dieu a « donné à l'homme un esprit pour penser; il l'a rempli « de lumière et d'intelligence ; il a créé en lui la science « de l'esprit ; il a rempli son cœur de sens et lui a fait voir « le bien et le mal. Il lui a prescrit le réglement de sa « conduite et l'a rendu dépositaire de la loi de vie ; il « lui a appris les ordonnances de sa justice. »

« Il est une loi véritable, la droite raison, conforme à « la nature, universelle, invariable, dont la voix enseigne « le bien qu'elle ordonne, et détourne du mal qu'elle « défend. On ne peut ni l'infirmer par une autre loi, ni « en rien retrancher, ni l'abroger tout entière ; ni le « peuple, ni le Sénat ne peuvent dispenser d'y obéir. Ne « lui cherchez pas d'autre commentateur, d'autre inter- « prète qu'elle-même. Elle ne sera pas autre dans Rome, « autre dans Athènes, autre aujourd'hui, autre demain : « chez tous les peuples et dans tous les temps règnera « cette loi, une, éternelle, immuable. » (Cicéron, *de Rep.* III, 17). Et ailleurs : « Il y a une loi qui n'est point « écrite, mais née en nous ; c'est la nature qui nous l'a « inspirée, c'est elle qui l'a gravée en nous pour comman- « der le bien et défendre le mal, c'est la raison de Dieu « même. » (*Pro milone* N° 9 ; *de Lege,* III, N° 4.)

Monseigneur Dupanloup ne parle pas autrement que Cicéron. « Il n'y a qu'un maître de l'esprit humain ; c'est « celui qui parle en nous. Les hommes peuvent nous « parler pour nous instruire : mais nous ne pouvons les « croire qu'autant que nous trouvons de la conformité « entre ce qu'ils nous disent et ce que nous dit le « maître intérieur. Après qu'ils ont épuisé tous leurs « raisonnements, il faut toujours revenir à lui et l'é-

« couter pour la décision. C'est au fond de nous-mêmes,
« par la consultation du maître intérieur, que nous
« avons besoin de trouver les vérités qu'on nous propose
« extérieurement. » (*La Philosophie.*)

« Les règles sacrées du juste et de l'injuste, gravées
« par la main divine au fond de la conscience humaine,
« n'ont pas besoin, pour exister avec un caractère impé-
« ratif, de lois qui les proclament et de tribunaux qui les
« appliquent. Elles ont devancé, elles ont vu naître et
« verront finir toutes les lois et tous les tribunaux du
« monde. » (Albert de Broglie.)

« C'est la lumière de la raison, dit Domat, qui, faisant
« sentir à tous les hommes les règles communes de la jus-
« tice et de l'équité, leur tient lieu d'une loi qui est
« restée dans tous les esprits. Ainsi, tous les hommes ont
« dans l'esprit les impressions de la vérité et de l'auto-
« rité des lois naturelles : qu'il ne faut faire tort à per-
« sonne ; qu'il faut rendre à chacun ce qui lui appar-
« tient ; qu'il faut être sincère dans ses engagements,
« fidèle à exécuter ses promesses, et autres règles sem-
« blables de la justice et de l'équité. Car la connaissance
« de ces règles est inséparable de la raison, ou plutôt la
« raison n'est elle-même que la vue et l'usage de toutes
« ces règles dont la connaissance a été gravée par Dieu
« dans tous les esprits. »

« Il est, dit M. Troplong, des règles antérieures à
« toutes les lois positives, et je ne saurais admettre que
« les mouvements de la conscience et l'idée du droit
« soient l'ouvrage du législateur. Ce n'est pas la loi qui
« a fait la famille, la propriété, la notion du bien et du
« mal, etc. Elle peut sans doute organiser toutes ces

« choses, mais elle ne fait alors que travailler sur le fond « que la nature lui a donné, et elle est d'autant plus « parfaite qu'elle se rapproche davantage de ces lois « éternelles, immuables, innées que le Créateur a gra- « vées dans nos cœurs. Au-dessus de la diversité des « lois que les peuples se sont données, planent des prin- « cipes primitifs qui leur sont communs.

« L'équité est ce que d'autres ont appelé le droit « naturel ; c'est ce fonds d'idées cosmopolites qui est « l'apanage commun de l'humanité ; c'est ce droit non « écrit que Dieu a gravé dans nos cœurs en caractères « si profonds qu'il survit à toutes les altérations par les- « quelles l'ignorance de l'homme peut le corrompre. « L'équité est la base des codes, mais la prépondérance « de l'équité est tardive dans la marche de la civilisa- « tion ; elle ne vient briller de son éclat que lorsque « l'homme, se relevant peu à peu de sa chute, a franchi « les âges de violence, de superstition et d'ignorance, et « s'est rendu digne de contempler dans sa sincérité la « vérité éternelle pour laquelle Dieu l'a créé. »

La loi naturelle étant révélée indistinctement à tous les hommes, il suffit d'un jugement simple et droit pour en faire l'application à chaque cas particulier. Le caractère sacré des casuistes ne leur donne aucune autorité spéciale pour interpréter cette loi universelle ; à son égard, ils sont des conseillers plutôt dangereux qu'utiles. La science nuit plus au sens commun qu'elle ne lui sert.

On objecte qu'il arrive à la conscience de s'oblitérer ; qu'elle se fausse, s'émousse, s'éteint même tout-à-fait par l'habitude de repousser ses avis ; qu'elle se plie aux convenances d'une profession et se façonne sur le milieu dans lequel on vit; de ces altérations, on conclut que la conscience elle-même a besoin de jalons pour ne pas dévier de la ligne droite ; que, pour rester saine et vigoureuse, elle doit se retremper dans la loi positive, principalement dans l'Évangile, la plus pure de toutes les lois morales.

Jusque-là tout le monde est d'accord; le dissentiment commence quand on ajoute : l'Église est l'interprète infaillible de la loi révélée, qui est le phare des consciences; donc c'est à l'Église qu'il appartient en définitive de diriger les consciences. Ici, les uns estiment que l'Église ne règne sur les consciences qu'en les soutenant et les redressant; ils veulent que sa mission se borne à éclairer; ils entendent qu'elle respecte des droits qui leur paraissent inaliénables et nécessaires au maintien de la responsabilité individuelle. A leur avis, une conscience gouvernée cesse d'être une conscience. Plus exigeants, les autres prétendent que l'institution divine de l'Église a pour objet le gouvernement absolu des consciences en matière de morale aussi bien qu'en matière de foi dogmatique; ils veulent que le fidèle s'incline devant son autorité dans tous les cas; qu'il accepte de confiance ses décisions sur les choses où il croit voir clair comme sur celles où il n'entend rien; sur le dogme purement spéculatif, inaccessible à la raison, comme sur le dogme pratique, qui fixe les droits et les devoirs usuels, qui règle l'exercice de la justice; qu'il fasse abnégation de sa raison, et pousse l'obéissance passive jusqu'au sacrifice d'Abraham. Telle serait la condition d'une foi complète; elle devrait être aveugle. Le jugement de l'Église, disent-ils, est infaillible dans la définition de tout ce qui appartient au dogme ou à la morale ; aussitôt qu'elle a parlé, il n'y a plus de discussion possible.

Nous croyons volontiers que l'Église ne peut jamais pousser dans une voie mauvaise ; mais, puisque sa voie peut être différente de celle qui est tracée par la conscience naturelle, ce n'est pas être trop exigeant que de lui demander de formuler avec précision la règle qu'elle entend substituer aux inspirations de la conscience livrée à elle-même. Pour suivre une règle, il faut la connaître. Aucune règle ne devient obligatoire qu'après sa promulgation.

Cette règle, véritable *credo* moral, doit tracer sur tous les points la limite doctrinale invariable, inflexible, entre le bien et le mal, entre le juste et l'injuste, entre l'honnête et le déshonnête ; distinguer nettement ce qui est permis de ce qui est défendu. L'Église doit, en vertu de son autorité et de la vérité absolue qu'elle possède, frapper d'anathème toute dissidence et, par conséquent, proscrire les opinions hybrides, dites opinions probables, qui sont autant d'incertitudes morales ; opinions dont la liberté devient un scandale quand il s'agit des devoirs envers le prochain. On ne possède pas la lumière pour la tenir sous le boisseau.

Cette règle doit être assez claire et assez développée pour servir de guide au commun des fidèles, pour leur tenir lieu de la conscience naturelle frappée de suspicion ; elle doit être assez précise pour obliger étroitement ceux que l'Église a préposés à leur direction, pour assurer l'uniformité de leurs décisions.

Dans l'état actuel, il n'y a pas de doctrine arrêtée ;

chaque directeur décide suivant son tempérament. La plupart d'entre eux sont loin d'être des canonistes consommés, et tiennent pour maxime qu'ils doivent, *en fait de justice privée, tolérer tout ce que la loi civile tolère.* Cette méthode est simple ; elle dispense de toute étude ; elle prévient les conflits et pose en bon prince ; mais elle met le code à la place de la conscience, et rend inutile l'action de la religion sur la société ; elle tend directement à la suppression du dogme, comme une superfétation dans l'ordre social. Les esprits qui sont tout à la fois actifs et réfléchis ne peuvent s'accommoder d'une pareille situation ; ils ne peuvent se reposer que sur des vérités solides, sur les forces saines de l'humanité. Au surplus, ce n'est pas d'aujourd'hui qu'on a trouvé l'expédient de mettre cette sourdine à la conscience ; M. de la Bigottière, conseiller au Parlement de Bretagne, ayant adressé un mémoire sur la question du prêt à intérêt au chancelier de Pontchartrain, celui-ci lui répondit le 23 septembre 1711 (*Correspondance administrative* publiée par Depping) : « Je me soumets aux règles que nous prescri- « vent les ordonnances et les arrêts dans les jugements « que j'ai à rendre sur ces matières ; et, croyant par là « ma conscience tranquille, je demeure en repos. » Si le docteur en théologie doit penser comme le chef de la justice civile, il est inutile d'avoir deux lois distinctes et deux corps différents pour les appliquer : il serait plus simple de proclamer que le chef de l'État est encore son Souverain-Pontife.

Il y a bien dans la discipline purement ecclésiastique une partie mobile, une partie qui tient à la politique utilitaire, et qui varie suivant les circonstances ; où il est permis de dévier de la règle traditionnelle et de louvoyer entre les difficultés du moment ; c'est la partie établie par l'Église elle-même en vue de son gouvernement temporel, eu égard aux temps et aux lieux, selon l'opportunité des circonstances, et dont l'objet ne tient pas à des raisons générales et permanentes. Mais il est une autre partie de cette discipline qui doit rester immuable et constante, parce qu'elle est d'institution divine, imposée par l'Écriture sainte et qu'elle fait partie intégrante du dogme. Prétendre plier cette règle obligatoire aux caprices de la loi civile, pour vivre en bonne harmonie avec elle, c'est, suivant l'expression pittoresque du P. Mayer, vouloir coucher le vice et la vertu dans le même lit.

Les vérités premières de la conscience forment le patrimoine commun de la famille humaine ; elles sont simples, peu nombreuses et faciles à trouver à qui les cherche avec droiture, tellement qu'il semble que la conscience n'enseigne à vrai dire que ce que tout le monde sait déjà. Ce n'est pas tout-à-fait cela cependant. La conscience réfléchie enseigne, non ce que tout le monde sait, mais ce que tout le monde devrait savoir. La raison et la conscience appartiennent à tous les hommes ; mais tous ne savent pas également en jouir. Ceux qui ont fait une étude particulière de la morale arrivent à des conclusions que des esprits plus distraits ou moins cultivés n'ont pas aperçues ; néanmoins l'intuition de la conscience suffit à ces derniers pour leur faire juger si la maxime proposée est de bon aloi. Si l'intuition de la conscience ne manifeste pas toutes les vérités morales, elle est une pierre de touche infaillible pour décider de la vérité d'une proposition toutes les fois qu'il s'agit d'un fait isolé ; mais il n'en est plus ainsi quand il y a complication. Il ne suffit donc pas d'affirmer d'une façon vague les principes généraux ; il faut en dégager tous les développements. C'est dans l'étendue de cette application que se rencontrent les difficultés et les contradicteurs. La véracité de l'entendement repose sur un concept abstrait, sur un schema ; l'évidence de ce concept est la règle irréfragable de nos jugements. Plus les concepts se mêlent, plus ils se troublent et s'obscurcissent mutuellement. Quand il ne s'agit plus de poser les premiers principes, mais d'arriver à des conséquences éloignées, l'évidence n'est plus la même et la diversité des opinions se produit. La déduction peut conduire fort loin les conséquences légitimes, mais la clarté diminue et la marche est moins assurée quand on veut les mener dans toutes leurs ramifications ; une faute de logique dans la chaîne des propositions, l'omission d'un élément essentiel, peuvent conduire à une conclusion erronée. En saisissant le gouvernement des consciences, l'Église doit tenir le sceptre d'une main ferme, ne pas laisser flotter les rênes sur un terrain aussi scabreux ; elle doit parler seule, parler net et parler haut.

L'unité de l'Église veut que tous les fidèles n'aient qu'une foi et qu'une loi, qu'un dogme et qu'une morale ; or, toute loi dont l'interprétation n'est pas assujettie à une autorité régulatrice unique, perd bientôt son uniformité et cesse d'être elle-même au point de devenir méconnaissable dans ses applications ; elle se divise en autant de lois distinctes qu'il y a d'interprétations différentes : on tombe alors en plein schisme moral.

Cependant, que voyons-nous dans la pratique ? La décision des cas de conscience, c'est-à-dire l'application de la loi qui règle les mœurs, est abandonnée à des casuistes qui ne participent aucunement au privilége d'infaillibilité réservé à l'Église, privilége qui seul est capable de faire taire la voix de la conscience privée. L'église ne jouit pas avec la jalousie d'un propriétaire exclusif de ce beau domaine des consciences ; elle le laisse défricher contradictoirement sous ses yeux par des docteurs sans mission ; elle assiste impassible et comme indifférente à leurs débats et à leurs excès ; chacun de ces prétendus organes du Saint-Esprit légifère de son côté comme s'il était le maître unique. C'est l'anarchie, c'est une Babel ; j'allais dire, ce sont les étables d'Augias. C'est, au milieu de la confusion, l'abaissement nécessaire du niveau moral, puisque l'avis le plus relâché reste encore suffisamment bon et n'est pas condamnable. Aussi, tout dévôt un peu avisé sait-il choisir un confesseur suivant les circonstances ; tel d'entre-eux étant bien connu pour autoriser ce que tel autre défend : *e sempre bene.*

L'Église a défini rigoureusment jusque dans ses moindres détails, le dogme proprement dit ; elle ne permet à personne d'y porter une main téméraire ; si la morale fait partie intégrante de l'arche sainte confiée à sa garde, pourquoi ne s'en réserve-t-elle pas la connaissance exclusive, ne la définit-elle pas souverainement avec la même précision ? Elle ne l'a jamais tenté. La première condition de tout gouvernement sérieux et régulier, c'est de reposer sur des principes fixes. Ce n'est pas gouverner que de décider suivant les temps et les exigences profanes du moment, d'aviser à chaque occurrence particulière ; d'abandonner les décisions au jugement de subordonnés qu'on peut désavouer quand ils compromettent, mais dont on profite quand elle passent inaperçues. La morale ainsi réglée n'a vraiment rien à reprocher à la morale dite indépendante.

Il est vrai que ce serait une grosse affaire que de dresser un code précis des devoirs, un guide moral sûr, statuant à l'avance, non sur l'infinie diversité des cas où la conscience se trouve engagée, mais en établissant un nombre suffisant de propositions échelonnées, de maximes doctrinales ayant la valeur de principes moraux, pour que les corrollaires en soient toujours déduits sûrement, à première vue et sans aucun effort de raisonnement; un réseau assez serré pour qu'aucun cas ne puisse passer entre ses mailles. Cette œuvre serait impossible à des hommes ordinaires ; imparfaitement exécutée par eux, elle serait plus dangereuse qu'utile ; mais ce que ne peut la sagesse vulgaire ne doit pas être au-dessus des forces de la science certaine, de la science qui ne peut s'égarer.

Quelques essais partiels en ce genre, des essais qui avaient toute l'apparence de maximes doctrinales définitives, ont été néanmoins assez malheureux pour donner à réfléchir ; pour montrer avec quelle circonspection il faudrait procéder pour élever une décision morale déterminée à la hauteur d'un dogme immuable, il suffit de rappeler la condamnation si absolue, si longtemps maintenue, et qui paraissait fondée sur un texte si formel ; la condamnation du prêt à intérêt, du prêt au taux le plus minime, comme étant une usure prohibée; condamnation que nous avons vu rapporter de nos jours.

Cependant, le gouvernement effectif des consciences implique l'existence préalable de ce code doctrinal, si difficile à faire que le projet n'en a pas même été ébauché.

Aussi longtemps qu'un *Syllabus* unique, complet, positif et promulgué *ex cathédra ;* un *Syllabus* mettant à néant toutes les opinions contestables des casuistes particuliers, et les décisions sujettes à réforme du tribunal de la Sacrée-Pénitencerie ; aussi longtemps qu'une règle complète de foi morale n'aura pas été donnée authentiquement au monde catholique, la conscience naturelle ne sera pas réellement gouvernée par l'Église ; le jugement particulier conservera son autorité spéciale, son indépendance vis-à-vis des docteurs isolés, et restera le meilleur guide à consulter.

II

La loi naturelle a surtout pour objet la justice; or, l'idée de justice comporte, sinon la condition d'égalité absolue, au moins quelque communauté d'obligations, hors de laquelle il ne peut exister de droits, mais seulement des devoirs. C'est parce que tous les hommes sont frères qu'ils se doivent réciproquement la justice, qu'ils sont tenus à des devoirs les uns vis-à-vis des autres.

Dieu ne doit rien à l'homme; la créature n'a que des devoirs vis-à-vis de son créateur. L'étude de ces devoirs est la vraie science des casuistes, et c'est une mauvaise préparation à l'intelligence des règles de la justice ; elle engendre des idées d'absolutisme qui ne sont plus celles qui président aux relations régies par la réciprocité des devoirs.

L'ancien Testament est un arsenal dangereux, on y trouve des armes de toutes sortes, des arguments pour toutes les causes, d'étranges justifications. Dans la Bible, tout ce qui n'est point Israélite est fauteur de dieux étrangers, de dieux ennemis de Jéhovah ; et c'est servir Jéhovah que d'anéantir ses ennemis. Judith peut assassiner traîtreusement pour la bonne cause, elle sera louée ; la courtisane Rahab a servi cette cause, elle seule sera épargnée dans le sac de Jéricho ; peu importe l'instrument et la manière de l'employer, la récompense est acquise au service rendu : c'est la doctrine utilitaire de Bentham dans toute sa crudité matérialiste. Vis-à-vis du peuple de Dieu, tous les autres peuples sont sans droits : les casuistes en concluent que l'Église, héritière du peuple de Dieu, est tout dans le genre humain. Interprétant à leur façon la parole de saint Paul : *omnia propter electos,* tout lui appartient ; il faut que tout lui rentre *ad majorem Dei gloriam,* maxime qui touche de bien près à la *souveraineté du but.* Cependant on lit dans les *Paralipomènes* que David répondit à Ornan : « Je ne dois rien vous enlever, ni offrir au Seigneur le bien d'autrui ». Et l'Évangile fait passer l'obligation de secourir les siens avant la consécration de son bien au service de Dieu. (Saint Marc, VII, 9-13).

On peut être animé d'intentions excellentes en prenant en mains la direction des affaires de Dieu, mais le zèle peut se tromper sur les moyens ; il serait plus sûr et plus modeste tout à la fois de se renfermer dans la simple obéissance : *fais ce que dois, advienne que pourra.* C'est ainsi que l'entendait le prophète Samuel quand il a dit : « Ce ne sont pas des holocaustes que le Seigneur de-« mande ; il veut d'abord qu'on obéisse à sa loi ; l'obéis-« sance est meilleure que les victimes : il vaut mieux lui

« obéir que de lui offrir la graisse des béliers. » (*Reges*,
« XII). C'est aux fruits qu'on reconnait la qualité de
« l'arbre ; tout arbre qui ne produit point de bons fruits
» sera coupé et jeté au feu. Tous ceux qui disent : Sei-
« gneur, Seigneur, n'entreront pas pour cela dans le
« royaume du ciel ; mais celui-là seulement y entrera
« qui fait la volonté de mon père ». (Saint Mathieu, chap. VII). « L'observation des commandements de Dieu est tout, » dit saint Paul (1re épitre aux Corinthiens, VII, 19).

La fidélité à la loi divine ne doit pas être subordonnée à la splendeur du culte. Des millions d'hommes ont, pendant des siècles, accumulé des pierres pour élever des cathédrales ; l'édifice de la morale n'a pas toujours marché parallèlement aux monuments. Il est remarquable que, dans la rude épreuve de 1793, ce soient les pays les moins bien pourvus de temples qui aient défendu leur foi avec le plus d'énergie. Le luxe tue le cœur partout.

Le luxe est l'une des manifestations de l'orgueil, c'est-à-dire du vice par excellence, de celui que l'Église a placé à la tête des péchés capitaux, et contre lequel elle a fait de l'humilité une vertu pour le combattre. Honorer Dieu par le luxe, c'est l'invoquer par l'intermédiaire de l'ange rebelle : une simplicité décente et austère est l'essence même du Christianisme. Le caractère indélébile de l'orgueil est l'insensibilité, l'égoïsme. Tout orgueilleux est sans entrailles, il n'a pas d'amis, pas de famille, pas de patrie. A ces traits, on reconnaît le luxe qui consiste dans le désir de paraître plutôt que dans le besoin d'être, qui ne vit que de vanité. Les besoins factices que le luxe engendre sont plus impérieux que les besoins réels ; ils éteignent tous les sentiments généreux, rabaissent toute dignité, disposent à tout faire, à tout subir pour arriver à leur satisfaction. La toilette fait plus de courtisanes que la concupiscence et la faim réunies. Ce n'est pas la crainte de laisser des enfants dans l'indigence, ce n'est pas la sollicitude de leur avenir au point de vue d'une honnête aisance, du confort relatif, qui arrête l'essor de la population, qui retient tant de jeunes hommes dans le célibat, qui limite la fécondité de tant de ménages, ce sont les exigences du luxe ; tout en le maudissant, ils subissent le joug du tyran ; ils veulent que leurs enfants puissent le servir à leur tour sans courir à une catastrophe : leurs calculs n'ont pas d'autre objet.

Si le luxe, qui rend intolérable le spectacle de la richesse, est vraiment la plaie de la société actuelle, celle d'où naît l'envie qui fait le socialisme, on a quelque lieu de s'étonner de trouver les directeurs de la morale rangés aussi eux sous la bannière de Moloch, de les voir donner l'exemple de l'ostentation. Rien n'est trop beau, disent-ils, quand il s'agit du service de Dieu ; ce n'est pas à l'autel qu'il faut appliquer les réformes somptuaires. Les Trappistes manquent-ils donc à la majesté divine en excluant de leurs églises l'or, l'argent, la soie, tout ce qui est précieux ? C'est une croix de bois qui a sauvé le monde ! s'écria un jour avec éloquence le comte de Montlosier. C'est un pauvre moine qui a ébranlé l'Occident jusque dans ses fondements et lui a imprimé pour deux siècles et demi l'impulsion qui l'a précipité aux croisades. Tous les grands hommes ont méprisé le luxe.

Il est vrai que les pompes des basiliques attirent la foule et parlent aux sens, mais leur impression est éphémère : l'éclat des palais n'a jamais engendré chez les courtisans un dévouement à toute épreuve. Pour soutenir les magnificences, il faut beaucoup d'argent, d'où résulte la nécessité d'accorder de grandes facilités sur les moyens d'en obtenir. La destination ne couvre pas tout. Pour subvenir aux frais de la construction de Saint-Pierre de Rome, on vendit largement les indulgences ; le scandale de ce trafic, fait contrairement à la parole de l'apôtre, « le don de Dieu ne s'acquiert pas avec de l'argent, » contribua pour une bonne part à la réforme du XVIe siècle : la Catholicité compta un temple de plus, mais quantité de royaumes s'étaient détachés d'elle.

Le luxe crée des besoins qui n'ont pas de limites ; en présence de ses exigences, la moralité, la probité chancellent ; on cherche à concilier la loi du Christ avec l'impulsion de Bélial ; de là viennent tous les accommodements imaginés par les casuistes pour permettre de servir les deux maîtres à la fois. Mme G. a profité de cette situation périlleuse pour recruter des auxiliaires ; elle a fait entendre aux casuistes qu'elle consacrerait à une fondation pieuse une bonne partie de son legs ; en réalité elle n'a jeté dans le temple qu'une obole ; du moins son devancier, le grand coupable de l'Évangile, n'avait-il rien gardé du prix de sa trahison.

III.

Il est une matière sur laquelle les casuistes sont particulièrement de mauvais juges ; c'est celle des testaments.

Ils y sont trop directement intéressés, aussi leurs tribunaux ont-ils toujours cherché à en retenir la connaissance. Comme le lis, la plupart des établissements religieux ne travaillent ni ne filent ; ils ne peuvent acquérir que par des libéralités, et Dieu sait s'ils n'acceptent jamais qu'avec discrétion.

Racheter ses péchés fut, au moyen-âge, le principal motif des testaments. Mourir sans tester, était regardé comme un oubli de son âme ; et l'évêque, comme curateur des âmes, suppléait d'office à l'omission du défunt, soit de son autorité épiscopale, soit en faisant appel à la foi de ses héritiers. Comme moyen de coërcition, on est allé jusqu'à refuser les honneurs de la sépulture au mort *ab intestat*.

Aux yeux de certains docteurs, le testament est resté, sinon un acte obligatoire, du moins une manifestation d'une sainteté exceptionnelle et devant laquelle il n'y aurait qu'à s'incliner. En présence du fétiche aux œufs d'or, qu'ils peuvent évoquer avec de si puissants moyens, ils vont jusqu'à méconnaître les prescriptions les plus élémentaires du devoir naturel : nous venons de les voir à l'œuvre pour défendre leur enfant de prédilection. Il semblerait, à les entendre, que la cupidité ne soit plus là qu'une respectueuse déférence à la volonté du testateur ; que la convoitise y ait ses coudées franches ; qu'elle puisse y donner un libre cours à ses ardeurs ; que la qualité de légataire couvre tout, dispense de tout : c'est la morale dogmatique en pleines saturnales.

A l'appui de leur thèse, ces docteurs invoquent le droit romain dans son origine toute païenne et barbare, alors que la loi des douze Tables portait : *dicat testator et erit lex ;*

oubliant que cette même loi ajoutait corrélativement cette atrocité : *la vie des enfants, c'est la propriété de leur père ;* oubliant que le despotisme capricieux, le césarisme domestique, est l'antipode de l'autorité chrétienne basée sur le *devoir ;* oubliant encore que *l'institution testamentaire* de cette époque était un acte public entre vifs, fait en pleine raison, tandis que notre testament, occulte comme une trahison, n'est souvent qu'une faiblesse arrachée *in articulo mortis ;* une débauche d'esprit ; une honte qu'on n'oserait pas avouer de son vivant ; ou bien une œuvre d'ignorance que le secret empêche d'éclairer. Oubliant que chez les romains les chefs de famille étaient en même temps, dans l'intérieur de leur maison, prêtres et magistrats. Oubliant enfin que le testament fait en faveur de César est toujours suspect de pécher du côté de la liberté.

« Malgré la fragilité de son existence, dit M. Troplong, « la nature de l'homme tend sans cesse vers la perpétuité. « Les principes des lois imitent l'ordre de la transmission « de la vie dans la transmission des biens destinés à sou- « tenir la vie. L'ordre de succession qui consulte le vœu « de la nature est le meilleur. Un mourant ne peut sans « impiété méconnaître les droits de la ligne directe, et le « législateur doit mettre ces droits à l'abri d'un caprice « ou d'une aberration. La société domestique est la « source première de la société politique et la plus néces- « saire de toutes les associations. » Nos véritables ancêtres, ceux dont nous tenons encore notre constitution physique et morale, nos plus nobles instincts, ce ne sont pas les Latins, mais bien les libres et fiers Germains, chez lesquels l'héritage suivait toujours le sang, où personne n'avait le droit de troubler l'ordre naturel en disposant arbitrairement du patrimoine au préjudice des agnats : *Nullum testamentum,* dit Tacite. Si, dans la tribu germanique, il n'y avait de vrai citoyen, *de civis optimo jure* que le chef de famille, c'était comme représentant de la société privée dans les relations extérieures aux intérêts purement domestiques.

Il en est des testaments comme des poisons ; les uns et les autres ont leur utilité, mais seulement dans les affections morbides, et à la condition d'être administrés par une main habile et circonspecte ; l'usage inconsidéré du testament exerce sur la famille un effet aussi délétère que la fumée de l'opium chez les orientaux. Tous les hommes compétents reconnaissent que, sur cent testateurs, il y en a au moins quatre-vingt-dix qui auraient mieux fait de s'abstenir. Notre loi d'hérédité étant admise comme bonne, la généralité des testaments qui l'infirme ne peut être que mauvaise. A voir la timidité du législateur, la complaisance avec laquelle il se prête à la violation de sa règle, on dirait qu'il n'est pas bien convaincu du droit qu'il avait de la poser ; qu'il doute si le testament n'est pas le droit naturel. Cette attitude indécise n'est pas digne. Si l'individu a naturellement le droit de disposer après lui de tous ses biens, il faut lui laisser une liberté complète ; si, au contraire, le testament est de droit civil, il est subordonné à l'intérêt de la famille. La société domestique a sans doute, comme les autres, besoin d'une autorité qui la gouverne et qui dispose à cet effet de moyens de coërcition et de réparation, mais le despotisme aveugle et capricieux ne lui est pas moins funeste que ne le serait l'anarchie ; le devoir du législateur est donc de veiller à ce que la répression ne soit jamais appliquée que dans l'intérêt collectif. Le jugement domestique ne devrait pas être plus dépourvu de justification que les arrêts des tribunaux ne le sont de considérants.

Le droit absolu de tester suppose, chez l'individu, le droit absolu de propriété ; il ne le possède pas. Le vrai caractère de notre propriété ne va pas au-delà du droit à l'usage ; c'est Dieu même qui le dit dans la Bible : « La terre est à moi : vous êtes comme des étrangers à qui « je la loue. » Nos prétendues propriétés ne sont que des locations : nous en avons la jouissance sous l'obligation de garder les commandements du véritable propriétaire. Dieu n'a pas créé les choses pour son usage personnel, il n'en a que faire : il les a créées pour les besoins des hommes, et il a lui-même fixé l'ordre de transmission des biens qu'il leur a départis quand il leur a dit : « croissez et « multipliez, assujettissez-vous la terre. » Le travail nécessaire pour assujettir la terre devenue rebelle, a limité la concession particulière de chacun à l'étendue de ses forces et de son courage, l'a circonscrite dans la portion qu'il avait cultivée et s'était ainsi appropriée. Tous les bras de la famille ont concouru au labeur qui a constitué le patrimoine commun de la société domestique. A la mort du père, chacun des enfants a eu droit à une part dans l'héritage ; mais, pour tous, cette part n'était encore qu'un apanage provisoire sujet à rapport pour celui qui ne faisait pas souche à son tour ; un enfant n'avait pas le droit de transférer dans une famille étrangère le fruit du travail de ses pères, ce fruit était acquis seulement aux descendants de ceux qui avaient donné leurs sueurs. Le fils dénué de postérité, n'avait pu jouir lui-même que comme on jouit d'un ruisseau, à la condition de le rendre à son cours naturel à la sortie du domaine qu'il a fertilisé. Voilà la constitution primitive de la famille, telle que la Bible nous la représente ; elle n'a jamais cessé d'être la vraie. Puis, l'inconduite des uns, l'assiduité des autres, joints aux mille incidents de la vie, ont amené naturellement des fluctuations continuelles dans l'état des patrimoines, accroissant ceux-ci et réduisant ceux-là, car il y a solidarité dans la famille.

Longtemps après la famille, apparaît dans le monde une société plus étendue et composée d'une agglomération de familles ; c'est l'État. Quelle que soit l'origine de l'État, c'est-à-dire du gouvernement régulier, voulu ou accepté par ses sujets, et non de la domination tyrannique, imposée uniquement par la force ; qu'il soit né d'une convention des familles pour garantir leur sécurité, ou qu'il soit d'institution divine, suivant la parole de saint Paul : *Non est potestas nisi a Deo ;* toujours est-il que l'État, qu'il soit fait de l'image de la famille, c'est-à-dire monarchique, ou qu'il ait la forme d'une ligue, comme la république, n'a pas d'autre objet que de protéger la société domestique. Dieu ne se réforme pas. Il sait réussir du premier coup dans ses œuvres. Il n'y a point eu d'intermédiaire entre le créateur et la famille ; il l'a constituée directement et définitivement ; c'est Minerve sortie tout armée du cerveau de Jupiter. Si Dieu a fait l'État, il ne l'a fait que tardivement et par l'intermédiaire de la famille, sans préjudice des droits déjà acquis à celle-ci, de la même manière qu'il avait tiré la femme de l'homme. C'est donc à tort que, sous le nom de *domaine éminent,* l'État a revendiqué l'universalité de la propriété. Quand il se rencontre exceptionnellement un État propriétaire de tout le sol, comme en Egypte, c'est qu'il est intervenu là un fait particulier ; on lit en effet dans l'histoire de Joseph de quelle manière Pharaon acquit toutes les propriétés des familles. Partout ailleurs, ce prétendu domaine éminent n'est qu'une usurpation, bien qu'il ait été défendu par de graves théologiens, dignes précurseurs de nos socialistes. Toute l'autorité de l'État sur la propriété privée se borne à un droit de réglementation pour le maintien de l'ordre social ; mais ce droit ne laisse pas que d'avoir une grande portée, encore qu'il n'ait de prise que sur la forme sans pouvoir toucher au fond.

Notre code définit la propriété : « Le droit de jouir et « de disposer des choses de la manière la plus absolue, « *pourvu qu'on n'en fasse pas un usage prohibé par les* « *lois et par les réglements.* » Les lois et les réglements ont pour objet la conservation de la société civile qui repose sur l'institution de la famille. Le législateur a donc le droit et le devoir d'organiser la jouissance et la disposition de la propriété dans l'intérêt de la famille. En tolérant un usage et un mode de transmission de la propriété qui sape sa base fondamentale, l'État appelle le désordre dans son sein : il se suicide.

Le droit de l'individu, en matière de propriété, est donc dominé par trois prérogatives qu'il est tenu de respecter : celle de Dieu, qui lui commande d'observer la justice naturelle ; celle de l'État, qui édicte des lois d'ordre général pour la société civile ; et celle de la famille dont il est le sujet, par la raison qu'il en tient tout ce qu'il possède et qu'elle est sa patrie intime. Son droit de propriété, ainsi subordonné, n'est plus, sauf des exceptions particulières, la propriété elle-même : c'est plutôt un droit d'usage et d'usufruit, auquel vient s'ajouter un devoir corrélatif d'administration avec une grande latitude pour l'exercer : en un mot, il n'est guère qu'un gardien rémunéré. Le seul individu qui soit vraiment propriétaire, et qui puisse, à ce titre, disposer de tout ce qu'il possède comme il lui plaît et sans blâme, est celui qui est l'auteur de sa fortune et qui n'a ni parents proches, ni d'obligations particulières à personne. Il en existe peu qui aient cette pleine liberté d'action.

De ce que le patrimoine est vraiment une propriété commune à toute la famille, il ne faut pas, avec une logique farouche, en tirer cette conclusion extrême : que les biens de l'auteur commun doivent être substitués intégralement et indéfiniment à toute sa postérité. Chaque fois qu'il s'agit d'appliquer une règle morale, on doit craindre de tomber dans les excès d'Alceste ; il faut se rappeler le sage précepte d'Horace :

Est modus in rebus: sunt certi denique fines,
Quos ultrà citraque nequit consistere rectum.

La famille naturelle ne s'étend pas jusqu'aux limites du clan ou de la tribu, elle ne comprend pas tous ceux qui portent le même nom ; avec le temps, la communauté d'origine cesse d'être un caractère essentiel de la famille, caractère qui consiste dans l'intimité des relations imposées par la nature elle-même, abstraction faite des penchants individuels et des conventions sociales.

Il y a une grande analogie entre l'action délétère de l'inceste et l'intervention dissolvante du testament ; l'un et l'autre portent atteinte à la constitution de la famille ; l'un comme l'autre jettent le trouble dans la société domestique. La culpabilité de l'incestueux et celle du testateur suivent la même progression ; toutes les deux peuvent se mesurer à une échelle commune : à tous les degrés où le droit canonique voit la consanguinité, où l'Eglise a mis un empêchement dirimant au mariage, il existe un empêchement du même ordre à la liberté de tester. Dans tout les cas où l'Eglise exige une dispense spéciale pour légitimer l'union conjugale, la morale veut que l'exception à la règle de l'héridité soit sérieusement motivée ; elle voudrait qu'elle fut soumise à une homologation.

Si, en imposant l'obligation d'obtenir des dispenses, la loi ecclésiastique a un autre objet que de prélever un tribut sur les fidèles ; si son but n'a pas été tout plastique et de mégalanthropogénésie ; si, restant dans sa mission purement spirituelle, elle ne se propose pas autre chose que de resteindre une liberté qui serait contraire au bon ordre moral et à l'union dans les familles ; elle est inconséquente avec le principe qui l'inspire en n'appliquant pas à la faculté de disposer par testament les mêmes obstacles qu'elle oppose à l'union conjugale entre parents à un degré rapproché, car le détournement du patrimoine est aussi bien une cause de trouble dans la famille que le peut être un mariage au degré incestueux.

Le testament n'est pas seulement une plaie domestique, il est encore une plaie sociale ; il trouble directement un ordre de choses établi, et il n'est point indifférent à la société que tel individu se trouve avoir gagné ce que tel autre a perdu : la permanence de la somme de la richesse sociale n'est pas tout pour le pays ; la répartition de cette richesse importe également à sa prospérité. Les hommes brusquement déclassés perdent leur valeur ; le riche décavé ne fait pas un manœuvre utile, il n'est qu'une charge pour la société ; d'un autre côté, le manœuvre enrichi subitement, le producteur laborieux devenu homme de loisir, ne fait pas de sa fortune l'emploi judicieux qu'en ferait le propriétaire habitué à posséder.

Certains auteurs ont prétendu que le testament méritait une grande faveur, parce qu'il repose sur une déclaration positive des sentiments du testateur, tandis que l'ordre légal des successions n'est fondé que sur une simple présomption de ses affections. C'est là une raison anti-sociale ; elle revient à dire que l'individu isolé a tout pouvoir et que la famille est sans droits. Les devoirs passent avant les inclinations et les sympathies, et personne ici-bas n'est affranchi de devoirs. Quelques testaments sont inspirés par le regret que la loi moderne n'ait pas gardé l'ancienne maxime, plus conservatrice en effet : *paterna paternis, materna maternis ;* l'intention qui les dicte est droite, mais il est toujours périlleux de s'écarter de la voie commune : on risque de se heurter contre un obstacle qu'on n'avait pas prévu ; en faisant la justice à sa manière, sur un point particulier, il arrive souvent qu'on occasionne un préjudice ailleurs, parce que la règle n'est plus uniforme, et que les vices des dispositions générales peuvent se corriger par des compensations. On l'a dit, l'Enfer est pavé de bonnes intentions, et le parti le plus sage, en pareil cas, est de dégager sa responsabilité en disant à la loi comme on dit à Dieu : *in manus tuas.*

La seule chose qui soit de droit naturel et chrétien dans le testament, c'est la recommandation suprême du chef de la famille recueilli en face de l'éternité. C'est la voix du père, dictant à ses enfants des règles de conduite pour suppléer à la direction qui va leur manquer, leur léguant ses conseils, le fruit de son affectueuse expérience. En quittant la terre pour jamais, son rôle d'administrateur temporel est fini : toute son ambition doit se borner à y laisser de dignes héritiers qui maintiennent son nom en honneur. Le testateur qui ne laisse que de sèches dispositions attributives de ses biens, qui prétend régler à sa fantaisie les détails matériels de sa succession, n'est vraiment point un chrétien détaché ; c'est encore un serf de la glèbe, tout rempli d'orgueil et de présomption, qui n'abandonne son gouvernement qu'à regret. C'est ce règne posthume, outrecuidant et aveugle, qu'on ne saurait refréner trop énergiquement ; ce sont ces chaînes indéfinies que notre loi a brisées en prohibant les substitutions.

« Nous n'avons rien apporté en ce monde, dit Saint « Paul, et il est hors de doute que nous n'en pouvons « rien emporter. » N'est-ce donc pas se révolter contre l'arrêt divin qui dépouille de toute part la mort, que de faire acte de propriété après qu'elle a frappé. Tout pénétré du haut enseignement de l'apôtre, le puissant empereur Charles-Quint dispose de ses couronnes de son vivant même, abdique ses dignités et s'écrie avant de se confiner dans le monastère de Saint-Just : je suis sorti nu du sein de ma mère, je veux rentrer nu dans le sein de la mère commune des hommes. Si, à l'exemple de ce grand potentat, un chef de famille juge qu'une répartition spéciale de ses biens soit tellement utile qu'il faille la régler ; il doit avoir le courage de le faire de son vivant, par une démission ou par un partage anticipé. S'il se cache derrière un acte secret, c'est qu'il n'est pas bien convaincu de la pureté de ses intentions ; s'il redoute la critique qu'entraînerait la publicité de sa disposition, cette faiblesse le rend indigne d'exercer les pouvoirs de législateur. Autant le testament moral mérite de respect et de déférence, autant la disposition exclusivement matérielle, que rien ne nécessite, que rien ne justifie, doit être accueillie avec répugnance. C'est en établissant une confusion adroite entre ces deux sortes de testaments qu'on a réussi à faire passer l'un à la faveur de l'autre.

Ce sont cependant les théologiens qui ont plié notre caractère, naturellement réfractaire au testament, à l'usage de cet acte ; qui l'ont accrédité et vulgarisé parmi nous, qui l'ont mis en telle faveur et revêtu d'un tel prestige que bien des gens, tout prêts à déplorer son abus en tête à tête, n'osent le flétrir en public ; ils craindraient de commettre une impiété ; c'est à peine s'il leur échappe de convenir que le Parlement de Paris a bien fait de casser le testament de Louis XIV qui appelait à la couronne ses bâtards doublement adultérins.

De l'opinion qu'il est permis au testateur de disposer de ses biens comme il lui plaît, découle, comme conséquence rigoureuse, l'autorisation pour le légataire d'accepter sans examen la libéralité qui lui est faite : on ne peut l'obliger à vouloir stoïquement contre lui-même : le devoir ne va pas jusqu'au dévouement. Cependant, notre code, qui n'est pas bien scrupuleux, a reculé devant cette conséquence de la liberté de tester : il estime que l'acceptation d'un don, où il n'y a qu'à gagner, ne laisse pas que d'engager la responsabilité du donataire : il a voulu que les incapables fussent, dans tous les cas, légalement autorisés à accepter.

Mais le chef-d'œuvre des théologiens est d'avoir fait admettre, par des hommes d'ailleurs doués de bon sens, que le testament était non-seulement sacré, mais encore qu'il pouvait être méritoire par lui-même, digne de récompense indépendamment des réparations de justice qu'il peut prescrire, et par le seul fait des attributions qu'il ordonne. Le P. Bellomo, de la Compagnie de Jésus, dans son livre du mois de novembre, sur les âmes du Purgatoire, presse les héritiers d'acquitter les fondations pieuses dont les testaments ont été chargés ; il leur dit : « Bien des âmes sont longuement retenues dans leurs « peines par la justice de Dieu, bien qu'avant de quitter « la terre, elles eussent pourvu à leur prompte déli- « vrance par des legs pieux ou des fondations de messes. « Elles sont les captives d'une justice rigoureuse qui ne « leur ouvrira pas les portes de leur cachot que le der- « nier denier n'ait été payé. »

Il n'y a pas de disposition plus foncièrement égoïste que le legs de tout son bien à l'Église ; c'est vouloir jouir de sa fortune une seconde fois dans l'autre monde, après en avoir joui une première fois dans celui-ci. Cette exemption des peines, moyennant finance, est profondément immorale ; elle attribue à l'argent une importance qui serait corruptrice jusque dans le ciel ; elle ravale la justice divine au niveau des justices vénales ;

elle est un appel aux plus bas instincts de la nature humaine ; la simonie n'a rien de plus scandaleux, de plus révoltant. Les legs pieux font la prospérité temporelle de l'Église ; voilà pourquoi elle tient les testaments en si grande faveur ; et, comme elle ne peut pas les louer uniquement quand ils s'adressent à elle, elle est obligée de les prôner partout. La nature de cet acte lui est merveilleusement appropriée : le fidèle, conséquent dans la croyance au rachat posthume de ses fautes, devrait tout lui laisser ; il ne saurait payer trop cher son entrée immédiate dans le paradis ; la considération de ses héritiers ne doit guère peser en présence d'un pareil résultat. Cependant, cet appel de l'Église aux gros legs présente aussi ses dangers : il allume contre elle des rancunes profondes ; il éveille les susceptibilités du pouvoir civil, qui de tout temps a jugé nécessaire d'y mettre des restrictions. Comment, en effet, le tuteur des intérêts du siècle n'interviendrait-il pas entre la famille et une autorité aussi insinuante ? Quand les gouvernements sont devenus jaloux d'une hiérarchie assez fortement organisée pour rivaliser avec la leur, assez puissante pour leur faire échec dans les choses de l'État ; quand ces gouvernements, excités par la convoitise d'une grasse curée, en sont venus à mettre la main sur la propriété ecclésiastique, ils ont trouvé des auxiliaires tout préparés dans ceux qui avaient été spoliés de leurs droits domestiques, ou des spectateurs indifférents à l'incamération de biens qui n'avaient pas tous une légitime et irréprochable origine.

Le mérite aux yeux de Dieu ne peut être considéré que comme le prix d'un sacrifice librement consenti ou accepté avec résignation ; on comprend encore que le mérite acquis par l'un, soit devenu une sorte de propriété qu'il puisse reverser sur un autre, passer à son ordre. Mais où se trouve le sacrifice dans un testament? A coup sûr il n'est pas du côté du testateur. Une donation implique bien un sacrifice, mais une donation est un acte par lequel le donateur se dépouille actuellement, alors qu'il pourrait encore jouir de ce qu'il donne, et c'est dans ce renoncement que consiste le mérite. Le testament, au contraire, est un acte par lequel le testateur dispose pour le temps où il ne sera plus ; pour le temps où, bon gré mal gré, il lui aura fallu tout abandonner ; il ne se dépouille de rien en léguant ; il ne dépouille que son héritier naturel, contre lequel il exerce une contrainte posthume, pour l'obliger à se dessaisir d'une portion de l'héritage qu'il avait déjà recueilli intégralement, dont il était en possession *ipso facto*. Le défunt ne donne pas, puisqu'il ne possède plus ; sa volonté, survivante par une fiction légale, ne fait qu'attribuer au légataire ce qui était déjà allé à l'héritier. Le legs et la donation n'ont de commun que d'être l'un et l'autre des dispositions à titre gratuit. On raconte qu'il est arrivé à Cartouche de détrousser des voyageurs au profit de ses amis ou de pauvres hères dont il avait pitié ; cette générosité et cette commisération du chevalier de grande route, comme on dit en Espagne, sont de même nature que les beaux sentiments qui inspirent quantité de testateurs : faire de la justice distributive aux dépens d'autrui.

La justice, dit Aristote, consiste dans l'égalité. L'homme juste est celui qui veut l'égalité. Il y a justice lorsque l'égalité est conservée en tout. Il y a encore justice lorsque la proportion est conservée dans la comparaison des personnes et des choses. Celui qui travaille beaucoup doit recevoir beaucoup, celui qui travaille peu doit recevoir peu ; à chacun suivant ses œuvres ; c'est en cette répartition que consiste la justice distributive. La théorie est excellente : la difficulté gît dans son application. Dieu seul peut fixer la juste mesure du mérite relatif. Tout testateur absolu a l'orgueil de mettre sa justice à la hauteur de la justice divine ; c'est pour réprimer cet excès ; c'est pour concilier l'équité du principe de la justice distributive avec les périls de son application que la loi civile a prudemment limité la quotité disponible : elle n'a oublié qu'une chose, c'était d'obliger le testateur à motiver sérieusement sa disposition.

Il est contraire à la loi divine que le père se fasse juge du mérite relatif de ses enfants ; il ne doit pas écouter son inclination et ses préférences ; le *Deuteronome*, (XXI, 15 à 17), porte : « Si un homme a deux femmes, l'une « qu'il aime et l'autre qu'il n'aime pas, et que ces deux « femmes lui aient donné des enfants : il ne pourra pas, « lorsqu'il voudra partager son bien, faire le fils de celle « qu'il aime son aîné ; le droit d'aînesse appartiendra au « premier né. » Par le même motif, la quotité laissée disponible par le code ne peut, dans l'esprit de la loi de Dieu, être attribuée à l'un des enfants par la seule raison que le père le préfère aux autres ; il faut des motifs patents, extérieurs, pour justifier cette disposition. Les casuistes croient que la prédilection est un titre suffisant ; ils sont accoutumés à prendre dans les livres saints ce qui convient à leur thèse, en laissant de côté ce qui pourrait la contrarier ; ils sont volontiers éclectiques tout en déniant aux autres la faculté de choisir.

L'objection capitale de la loi civile contre le divorce, c'est l'avenir des enfants ; or, cet avenir, dont la loi se préoccupe si vivement à cette occasion qu'elle se refuse absolument à dénouer le nœud conjugal, quelque intolérable qu'il puisse être devenu ; cet avenir n'attire plus sa sollicitude dès qu'il s'agit d'un testament ; elle met au contraire son autorité au service de la disposition capricieuse la plus évidemment opposée au bien de la famille. L'intérêt des enfants, invoqué contre le divorce, n'est qu'un prétexte ; ou bien, si cet intérêt est le but réel, il faut étendre cette protection à tous les autres cas où cet intérêt se trouve en jeu.

Un vendeur, dans la plénitude de ses facultés, se trompe grossièrement sur la valeur de sa propriété ; l'intérêt direct devait le tenir sur ses gardes, son devoir de propriétaire était de connaître son bien ; malgré la défaveur de cette situation, la loi lui accorde la rescision du contrat. Elle interdit le prodigue, le soumet à un conseil, s'oppose à sa ruine. Le testament, fait dans les circonstances les plus défavorables, ne peut être attaqué que pour un vice matériel ; la pensée la plus coupable reste sacrée; on n'exige pas qu'une disposition étrange soit motivée par des raisons pertinentes. Telle dilapidation du patrimoine que la loi arrête chez l'homme vivant, elle la protége dès qu'il s'agit d'un homme qui n'est plus ; on dirait qu'elle s'associe à la pensée anti-sociale des viveurs : *aprés moi le déluge*. Un homme dissipe follement le tiers de sa fortune, sa famille s'adresse au tribunal qui lui donne un conseil judiciaire. Ce même homme, père de deux enfants, lègue arbitrairement le tiers de ses biens, sa disposition sera maintenue ; la justice n'a rien à y voir. Il y a là une choquante contradiction.

Quand la jurisprudence déclare que les causes immorales, qui vicieraient une donation entre vifs, ne suffisent pas pour faire casser un testament basé sur les mêmes motifs, l'honnêteté regimbe de prime abord contre cette distinction ; elle est blessée dans un cas comme dans l'autre. Cependant, on comprend encore que le code, qui ne se préoccupe pas du bien absolu, ait voulu garantir un homme dans l'effervescence des passions contre un entraînement irréfléchi qui lui aurait fait signer un acte irrévocable ; tandis que, si cet homme maintient son testament, c'est un signe que, bonne ou mauvaise, sa volonté était bien arrêtée. Mais ce qu'on ne comprend plus, c'est que la loi, qui protège, d'office et parfois malgré lui, l'homme en pleine raison contre les piéges et les embûches de toutes sortes qu'on peut tendre à sa bonne foi ; contre les espérances chimériques qu'un escroc peut lui inspirer, contre les persuasions d'un charlatan, contre tout ce que la langue juridique nomme suggestions et captations *simples ;* c'est que cette même loi abandonne son intervention tutélaire près du moribond qui a testé sans avoir le temps ou les moyens de se reconnaître. En effet, si, près du testateur, la suggestion et la captation n'ont pas été *dolosives ;* c'est-à-dire si le légataire a eu assez de retenue dans ses poursuites pour ne pas imputer, devant témoins ou par écrit, des faits positivement calomnieux aux héritiers, la disposition sera maintenue. Robert-Macaire aura pu employer toutes les fraudes *simples*, il n'en sera pas moins envoyé en possession de son legs. L'habile enjôleur, le *pic-poket* posthume, n'ont à répondre qu'à l'homme encore vivant ; vis-à-vis du mort, c'est la législation de Sparte qui a cours ; le voleur adroit est absous. Le tour est joué, et il est bien joué. La plupart des dupes se tiennent coi, de peur de faire rire la galerie à leurs dépens ; c'est ainsi que l'industrie interlope du testament se perpétue par le défaut d'esprit de solidarité.

La loi sait le monde rempli de gens auxquels on n'arracherait pas trente sous de leur vivant et qui se livreront à des libéralités sans bornes et sans discernement aux dépens de leurs héritiers ; elle protége leur situation personnelle, se fait la complice de leur égoïsme, et se prête avec complaisance à leurs largesses posthumes ; elle sacrifie avec eux les droits naturels de la famille survivante, à leur vanité de se donner de la renommée en disposant d'une manière excentrique, de faire parler d'eux après leur mort ; à leurs rancunes, à leur aveuglement, à leurs faiblesses. Il n'est pas de l'intérêt de la société de favoriser l'inconstance humaine ; les conditions de la vie civile doivent être solides et stables pour que l'établissement de l'État soit affermi ; le trouble à la base provoque la révolution au sommet ; la lésion domestique engendre l'agitateur politique.

Le testament, disent encore nos docteurs, est l'affirmation, le plein exercice du droit de propriété dénié par le socialisme ; tout esprit religieux et conservateur doit être favorable au testament, dernier débris de la substitution, image sensible de l'immortalité de l'âme, qui lui permet, comme l'a dit Leibnitz, de commander même après sa séparation du corps.

En tous cas, l'ordre émané de l'âme a précédé sa délivrance, et l'expérience prouve journellement que cet ordre peut se ressentir de l'assujettissement de l'âme à la nature viciée venue d'Adam. Puis, les dispositions testamentaires sont bien souvent conçues dans un esprit tout opposé à celui qui préside aux substitions.

Quant au socialisme, ce qu'il veut, avant tout, c'est la dissolution de la famille ; il veut être la seule organisation debout en face des individus désagrégés ; or, le lien matériel de la famille, c'est l'hérédité du patrimoine. La loi de Moïse ne permettait pas l'aliénation définitive du patrimoine de la famille ; elle n'autorisait que son engagement temporaire, son engagement jusqu'à l'époque du prochain Jubilé. Le lien matériel de la maison était relâché, mais non brisé sans retour ; c'était notre vente à réméré avec un terme fixe auquel la maison était reconstituée obligatoirement dans son premier état. Disposer arbitrairement du patrimoine, c'est tromper des espérances légitimes, frustrer des droits naturels, semer la discorde entre les enfants, rompre l'union qui fait la force de la famille ; c'est travailler au profit du socialisme.

L'Église, très-perspicace assurément, et qui veut la perpétuité de ses communautés religieuses, s'est bien gardée d'abandonner aux caprices de leurs supérieurs ecclésiastiques particuliers la libre disposition de leurs propriétés temporelles : elle exige une approbation du général de l'ordre pour changer la destination usuelle : elle les tient en tutelle comme l'État y tient les communes civiles. Comment ce qui est bon pour le maintien de la famille spirituelle dans le monde, ce qui est la règle de toutes les personnes morales, ne vaudrait-il rien pour la conservation de la famille civile dans le même milieu ?

Le véritable individu social, ce n'est pas l'homme,

c'est la famille. La vie de l'homme est trop bornée, trop précaire pour qu'il puisse mener à fin par lui-même aucune de ces entreprises de longue haleine qui font la fortune des sociétés. En Turquie, où la propriété héréditaire est mal assurée par la loi, où la famille est constituée sur la base fausse du harem, chacun ne travaille que pour le moment et pour sa personne, ne place qu'à courte échéance. Nul n'emploierait toutes ses forces s'il n'était certain de recueillir le fruit de ses labeurs, sinon par ses propres mains, du moins par des mains qui seront la continuation des siennes.

La famille forme une association d'institution naturelle, qui établit entre tous ses membres une sorte de co-propriété des biens, une communauté du patrimoine. La famille est une personne morale que la mort ne détruit point. Si l'un des membres vient à mourir, les autres le remplacent dans ses droits ; il se fait un vide, mais il n'y a point de dissolution de la société : la possession est continuée en commun. « La première de toutes « les sociétés, dit Cicéron, est l'union conjugale : son in- « timité redouble par les enfants ; on ne fait qu'une « maison sous la communauté de toutes choses. Là, se « trouve le germe de la cité, j'ai presque dit la pépinière « de l'État. » Cette communauté est si vraie, que la loi ne voit pas de larcin quand le fils dérobe quelque chose à son père ; que la loi, qui est la justice sèche, sans entrailles et sans charité, a néanmoins répudié la peine de la confiscation générale, reconnaissant par là que tous les membres d'une famille sont véritablement co-propriétaires du patrimoine de la maison, bien que l'administration de cette propriété collective soit confiée à un seul avec des pouvoirs illimités pour la gérer ; que notre code, essentiellement démocratique, n'a pas laissé que de garder le privilége du retrait lignager, c'est-à-dire le droit sur l'héritage dès avant qu'il ne soit ouvert.

Si, par le contrat naturel du mariage, le père ne devait pas autre chose à ses enfants que l'instruction et la nourriture jusqu'à l'âge où ils peuvent se suffire à eux-mêmes, il faudrait ajouter que le contrat prend fin quand son objet a été rempli ; il faudrait conclure qu'il n'existe pas plus de famille chez les hommes que chez les animaux, et qu'à l'exemple de ceux-ci, les rejetons émancipés deviennent étrangers à l'auteur de leurs jours. Il faudrait même, pour ne pas provoquer des déceptions, exiger que tous les enfants fussent élevés dans le même milieu, ce qui est l'idéal du communisme, et dispenser l'accouplement animal de tout contrat en établissant la promiscuité universelle. Ou, mieux encore, en considérant l'intérêt de l'État à n'avoir que de robustes sujets, il faudrait régler la reproduction humaine par sélection, comme nous le faisons pour nos animaux domestiques. Il faudrait, en un mot, accepter la constitution de la république de Platon ; tout au moins l'état social que les jésuistes avaient établi dans leurs réductions du Paraguay.

De même qu'un architecte est obligé de subordonner le plan de son édifice à la nature des matériaux dont il dispose, de l'approprier aux besoins de ceux qui doivent l'habiter ; de même le législateur sérieux doit prendre pour base de son établissement civil la famille naturelle telle qu'il la trouve ; prétendre façonner la famille en vue d'une société, est aussi absurde que de vouloir créer des matériaux pour bâtir, des locataires pour garnir une maison. La société est faite pour garder la famille et non la famille pour constituer la société ; la famille a pour objet de perpétuer les individus, et c'est en vue de cette mission que les individus doivent servir la famille. La famille est l'unité par excellence, celle qui mérite toutes les prédilections du législateur, car la famille venant à se dissoudre tout croule avec elle.

La conservation et l'avantage de la famille est un sentiment naturel ; le devoir du *Pater familias* est d'administrer la communauté dans ce but, il a charge d'âmes et charge d'affaires ; il manque à son devoir, il abuse de son autorité s'il dispose contrairement à l'intérêt général de la famille. C'est ainsi que l'avait compris notre ancienne législation.

« La loi, dit d'Aguesseau, ne se contente pas d'assurer « la légitime à un enfant comme une dette naturelle ; de « la lui déférer sans le ministère de l'homme ; elle ne per- « met même au père de disposer du surplus de ses biens « que sous cette condition tacite qu'il n'usera du pouvoir « qui lui est confié que pour le bien de sa famille. S'il ne « satisfait pas à cette condition que la loi lui impose, il « devient indigne de l'autorité qu'elle a déposée entre « ses mains. La loi révoque le pouvoir qu'elle lui avait « confié ; elle réforme le jugement domestique qu'il a pro- « noncé quand il s'est rendu indigne de la qualité de juge « et de législateur. La loi venge elle-même l'injure qui lui « est faite, et, reprenant ses premiers droits, elle rend aux « enfants ce que le père leur avait ôté injustement.

« C'est en vain qu'on satisfait à toutes les solennités « prescrites par la loi ; c'est inutilement que, pour mieux « cacher un dessein injuste de haine ou de colère, on a « soumis en apparence sa disposition à celle de la loi ; si « l'on prouve que le testateur, accablé par le nombre des « années ou par l'excès de la maladie, trompé par ceux

« qui abusaient de la faiblesse de sa raison dans les der-
« niers moments de sa vie, ou séduit par la colère qui
« aveuglait son esprit, a été le ministre d'une passion
« étrangère ou l'esclave de la sienne ; sa disposition,
« quoique solennelle, demeurera sans exécution ; et l'au-
« torité de la justice détruira toujours son testament,
« soit parce qu'il n'a pas le caractère d'une volonté li-
« bre, soit parce qu'il n'est pas l'ouvrage d'une volonté
« juste, et conforme à celle de la loi.

« La faveur du nom d'enfants est si grande que lors-
« que le père en a privé du surplus de leur légitime,
« la justice a droit d'examiner encore quels sont les
« motifs de son testament ; et, s'il en a préféré un seul,
« on ne confirme jamais son choix que l'orsqu'il a pour
« fondement l'amour même de ses enfants et le bien de
« sa famille. »

En théorie, la jurisprudence moderne professe la même doctrine que la jurisprudence ancienne, mais elle ne suit pas celle-ci dans l'application des principes qui leur sont communs ; elle reste sur le terrain des vœux platoniques alors que l'autre, conséquente avec elle-même, ne reculait pas devant l'exécution.

Pour M. Troplong, le testament est encore l'amour de la famille s'étendant à l'avenir ; l'acte d'un père qui ne peut mourir tranquille s'il n'a étendu au-delà de la tombe sa bienfaisante sollicitude sur le sort de ses enfants. Lors de la discussion du Code civil, Tronchet disait aussi : La portion disponible a été laissée au père de famille pour lui donner la faculté de récompenser ou de punir avec discrétion, celle de réparer les inégalités de la nature ou les injustices aveugles de la fortune. M. Demolombe, après avoir reproduit les mêmes motifs, ajoute : mais le législateur souhaite sincèrement que l'égalité ne soit pas rompue légèrement, toutes ses dispositions en témoignent. Les pères qui seront bons et sages, dit M. Troplong, ne feront servir cette faculté qu'au bien de la famille, à la distribution de la justice domestique.

Cependant, que fait notre jurisprudence moderne relativement aux dispositions des pères qui n'ont été ni bons ni sages? Elle prête, sans examen, son concours à la confiscation prononcée par le chef de la famille ; elle déplore et laisse passer comme si elle était impuissante. Elle n'applique pas la peine attachée à l'abus d'un droit, qui est le retrait de ce droit. Elle ne veut pas entrer dans l'étude de faits dont elle se lave les mains ; elle trouve plus expéditif de borner son examen à l'état matériel de l'acte sans se préoccuper de la moralité du fond ; sans même examiner si le testateur manifeste cette capacité complète voulue par loi.

Il est remarquable que les socialistes s'accordent avec les ultramontains pour trouver oppressif l'esprit si coulant de notre jurisprudence en matière de testament ; qu'ils réclament, d'un côté comme de l'autre, l'extension de la faculté de disposer, l'abolition de la réserve ; que les uns à l'envi des autres font appel à ce grand dissolvant de la famille naturelle au profit de leurs associations utopistes ou mystiques, du phalanstère et du couvent ; qu'ils travaillent de concert à détruire l'obstacle qui arrête leur essor. La famille, c'est encore l'aristocratie, disent les uns ; on ne se sauve qu'individuellement, répètent les autres.

La liberté de tester et la liberté de divorcer se tiennent de près ; ces deux facultés sont réclamées au même titre, elles tendent au même but : qui veut l'une, doit vouloir l'autre. Le droit illimité de tester est revendiqué comme une conséquence du droit absolu de l'homme, de l'individu considéré comme étant le principe et la fin de tout dans le monde; de l'individu primant les droits secondaires de la famille et de la société, deux institutions qui seraient purement conventionnelles, établies à son usage privé et pour garantir sa sécurité personnelle. C'est cet argument qui fut invoqué en France, en 1792, quand on y décréta le divorce : tout engagement indissoluble était, prétendait-on, incompatible avec la liberté individuelle. Le testament arbitraire est l'abolition de l'hérédité ; le divorce à volonté équivaut à la suppression du mariage : dans un cas comme dans l'autre, c'est la destruction de la famille ; c'est la société domestique réduite à l'état des animaux, ne présentant plus qu'un troupeau d'enfants du hasard gouvernés par un maître insouciant de leur avenir.

Les socialistes, qui n'ont aucun intérêt à flatter la femme, qui ne fondent pas leur influence sur sa nature plus impressionnable que réfléchie, ne s'inquiétent point d'amoindrir son rôle dans la famille; le changement de l'instrument de reproduction leur importe peu; ils veulent le divorce comme le testament, et s'avancent résolument sur ces deux routes parallèles qui mènent à la dissolution de la société fondamentale. Aussi avisés, mais moins logiques dans les conséquences qu'ils tirent d'un principe qui leur est commun, leurs émules, les casuistes, ne préconisent qu'une seule de ces routes, mais elle aboutit au même abîme.

On va jusqu'à invoquer l'utilité publique en faveur du testament. Les propriétés territoriales sont trop morcelées ; un grand établissement industriel doit être dirigé par le plus capable des enfants.

L'argument est bien dangereux : c'est au nom de l'utilité publique qu'on a confisqué les biens de main-morte. Quant à la division du sol, c'est elle qui a sauvé la propriété dans les mauvais jours de 1848. Et si la capacité était un titre au gros lot de l'héritage, il faudrait dire tout d'abord que le trône lui appartient, car, de tous les héritages, c'est le plus difficile à régir. Il faudrait même dire que toute gestion doit être dévolue au plus capable, indépendamment du sang, ce qui est la théorie socialiste.

Toute société bien organisée honore la dignité du travail et la dignité du caractère. Si les lois prohibent les jeux de hasard, c'est qu'ils sont un attentat à la dignité du travail ; la chance aveugle ne doit pas jouir des mêmes faveurs que l'application persévérante. La loterie des testaments n'est pas plus recommandable que la *Roulette* ; souvent elle est plus dégradante encore. Que de libéralités sont achetées par des bassesses !

Dans un cas comme dans l'autre, il y a déplacement brusque et irrégulier de la fortune ; or, toute secousse, tout déclassement inopiné, est une atteinte à l'ordre social fondé sur les lois naturelles qui ne procèdent jamais que par gradations insensibles. Dans tout état régulier, un choc est un mal, par cela seul qu'il est un choc. « Le bien amassé à la hâte diminuera ; mais celui qui « se recueille à la main et peu à peu se multipliera. » (*Proverbes de Salomon*, XIII, 11).

CONCLUSION.

L'homme qui tient à rester honnête ne doit pas s'en rapporter aux casuistes en matière de justice ni en fait de testament. Il est honteux de voir qu'aux yeux de ces conseillers accommodants, on puisse être tout à la fois un misérable et un bon chrétien. La doctrine catholique n'a pas d'ennemis plus dangereux que ces interprètes fallacieux ; ils lui ôteraient l'estime si l'on ajoutait foi à leurs commentaires. La droiture n'exige aucune étude ; Dieu l'a gravée dans l'esprit de l'ignorant aussi bien que dans celui du docteur. Pour tous, le premier mouvement est le bon ; c'est l'arrêt spontané de la voix intérieure, l'inspiration vierge du devoir. Aucune parole humaine n'est assez autorisée pour imposer silence à la raison éclairée par l'élan du cœur, c'est-à-dire au cri de l'âme tout entière, au cri de la conscience.

On prête au comte de Falloux ce mot : l'Église a besoin de faire son 89. Cette pensée a excité un haut courroux, et pourtant elle est juste ; *E pur si muove.* Il y a des réformes à opérer ; il y a lieu de réformer tout au moins la casuistique qu'on y enseigne : c'est une école de déloyauté, un chancre qui déshonore sa morale, une ignominie accouplée à l'œuvre divine. Les grandes assises de la catholicité sont ouvertes ; il leur appartient d'appliquer le topique, de rétablir le *mens sana in corpore sano.*

FIN.

TABLE DES MATIÈRES.

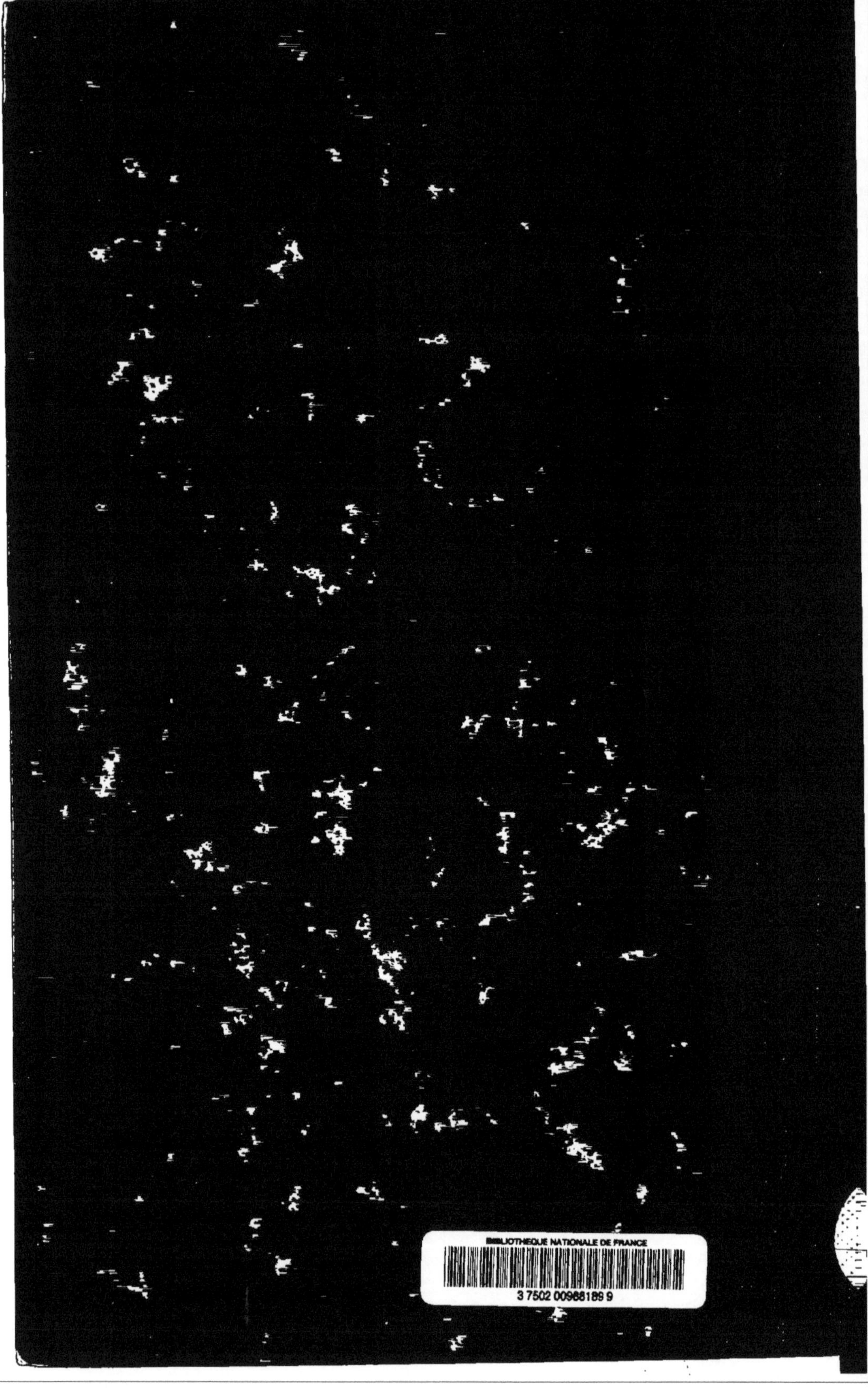

www.ingramcontent.com/pod-product-compliance
Ingram Content Group UK Ltd.
Pitfield, Milton Keynes, MK11 3LW, UK
UKHW012037240726
13965UKWH00003B/856

9 782013 183703